5訂版 キャリアデザイン概論

An Introduction to Career Design

共著：本間　啓二
　　　金屋　光彦
　　　山本　公子

一般社団法人 **雇用問題研究会**

まえがき

　近年、産業・経済などの社会情勢は世界規模で大きく変わってきている。これまでの産業や職業が徐々に消失しつつある中、技術革新による新たな産業や職業が生まれている。例えばGAFA（グーグル、アマゾン、フェイスブック、アップル）と呼ばれるインターネットを中心とした新たな枠組みを持つ産業により、情報サービスの内容や購買方法の仕組みなどが大きく変化した。これからさらに技術革新が進み、社会の変化が加速していくと予測される。今後の社会を考える視点として、AI（人工知能）、5G（次世代通信規格）、量子コンピュータによる新たな情報サービスの進展、電気自動車や自動運転車の実現による交通・運送業界の変革、ドローン活用による新たな監視・管理システムや農業・酪農等のAI管理などがあり、それらは、すでに実用段階に進んでいる。このように生産、製造、流通、販売、回収などの全般にわたって改革が進み、それに伴い働く内容も変わってきている。

　また、労働者の視点からも「働き方改革」が進んでいる。具体的には、「労働時間の短縮と労働条件の改善」として、時間外労働の上限規制、年次有給休暇の取得、労働時間の把握、フレックスタイムの充実、勤務時間インターバル制度の普及促進、産業医・産業保健機能の強化、残業の割増料金率の引き上げなどの実施が求められ、それ以外にも「雇用形態にかかわらない公正な待遇」や「多様な就業形態」、「仕事と生活（育児、介護、治療）の両立」などが検討されている。

　このように変化する労働環境の中、職業世界へと向かう若者たちのキャリア学習には困難な面が多く、キャリア形成支援として、体系的、段階的に計画性を持ってキャリア・ガイダンスが実施されなければならない。しかし、キャリア教育については小・中・高等学校に比べて、大学ではあまり取り上げられてこなかった。就職支援はこれまでも行われてきたが、教育課程での実施には至っていなかった。しかし、大学設置基準の改訂によりキャリア教育が重視されるようになり、各大学でもキャリア教育が教育課程上で実施さ

れるようになって内容も充実するようになってきた。

　キャリア教育が求められる背景として、社会の働き方の複雑化等により適職選択が困難となっていること、企業が若年者に求める能力も高度化し、採用を厳選し、即戦力を求めることなどがあげられる。それにもかかわらず、学校教育において実践的な職業教育が不十分で、生徒・学生の職業意識形成が十分行われていない。

　近年の学生・若者は二極化しているといわれている。キャリアを考え、セミナー等に熱心に参加し、意欲的に就職活動を実践するグループと、反対に、準備を怠った就職活動から離転職を繰り返すグループである。後者では、社会経験の不足や価値（労働）観の未発達、職業情報の不足や自己理解の不足、低い労働意欲が指摘されているが、彼らは望んでそうなっているわけではない。どの若者にも自らの職業人生（キャリア）に希望を持ち、豊かに築いていく権利と責任がある。そのための知識や方法を学び、身につけていくことは、重要な課題である。

　現在、新卒応援ハローワークやジョブカフェ、地域若者サポートステーション等で、若年者に対するこれらの課題解決のための支援が行われている。また、大学や短大、専門学校においても、授業科目として職業意識啓発に関わる内容が設定され、インターンシップの取り組みも充実しつつある。

　本書は若年者のキャリア形成を支援していくため、職業を通して社会参加していく意義や職業意識を高め、自らの職業適性に合わせたキャリアデザインができるようにサポートするものであり、大学や短大、専門学校においてもキャリアデザインの授業で活用することができるように、働く意義や自己理解・職業適性の理論と方法、職業世界の情報、キャリアデザインの考え方と方法、具体的な就職活動への臨み方といった内容を精選したものである。

著者代表　本間啓二

CONTENTS

まえがき

第1章
人はなぜ働くのか

● ねらい ●

「愛することと働くこと」——人生の目的は何かと問われ、こう答えたのは、精神分析学の創始者ジグムント・フロイトだった。開業医でもあった彼は、82歳で亡くなる直前まで働くことをやめなかった。

また、『モラトリアム人間の時代』で、就職を先延ばしし、どの組織にも帰属感を持たない現代青年の心理状況を分析した小此木啓吾元慶應義塾大学医学部教授も、別人のように小さくなった身体を押して、死の間際まで講義や執筆を続けられた。

人はなぜ、死ぬ直前まで働くのだろうか……？

この章では、みなさんの勤労観・職業観を高め、自らキャリアデザインができるようになるために、まず働くことの意味を探る。

次に、第4次産業革命といわれる AI（人工知能）等のデジタル技術の広がりによって、職場環境と働き方の有様が、急激な変貌を遂げる今、今後望まれる働き方・生き方とはどういったものか、どのようにそれらを主体的に選択していくべきか、その未来展望を探求する。

さらに、今若者が直面している、働くことと生き方に関する課題も併せて考えてみるのが、この章のねらいである。

人はなぜ働くのか

　人生は一度きりである。生命あるわれわれはいつか死を迎え、永遠の眠りにつく。人生100年の時代が到来した今も、宇宙の営みから比べればそれは一瞬の輝きにも等しい。

　キャリアとは、一言でいえば "人生の足跡" である。われわれ一人一人が、この世から去る日が来たそのとき、「自分は十分に人生を生きた、満足した人生だった」という思いで旅立つことができたら、その人のキャリアは、成功といえるだろう。

　また、人間を "人の間" と書くように、他の人たちとつながりながら生きるところに、人間にふさわしい生き方がある。人間は社会的存在である、といわれるゆえんでもある。ならば、その人独自のキャリアが展開されるとき、その中心は "働くこと" といってよいだろう。なぜなら、働くことによって、私たちはしっかりと社会の人々とつながり、自分の個性も発揮でき、生きるための糧も得られる。そして、それらのことを通して、この世に生きる自らの存在価値や生きがいも、実感できるからである。

　個人が働くことを意識するのは、学校生活を終えて、職業生活へ移行する節目のときである。その際、仕事人生という本格的なキャリアのスタートを切る前に、働くことを中心としたキャリアデザインをぜひ描いておきたい。この作業は大切である。

　昭和と平成の初め頃まではいったん入社すれば、そこで働き続けることを前提に、会社任せのキャリア形成がまだ中心であった。ところが、グローバル化とデジタル技術の拡大等により、現在は、個人自らが主体的に選択し、キャリア形成すべき時代になった。すなわち、組織主導のキャリア形成から個人主導のキャリア形成の時代が到来しているのである。

　これからは、みなさんが、自らのキャリアを自らデザインし実現していくことを、生涯にわたって続けていくことになる。これからの社会や職業生活を展望し、自ら働く意味を考え、その働くことを中心にデッサンされた未来の生活設計図をもとに生きていく。そして、その設計されたキャリアの目標を、実際

に実現し達成していくことが、みなさんに求められている。それが、この変動が激しく一層予測しづらくなった現代社会を、自分らしく生き抜く決め手になるだろう。

働く意味

　職業には、「生計の維持」「社会貢献」「個性の発揮」という３つの意味がある。収入を得るだけではなく、自分の個性を発揮するステージでもある。働くことで社会の人々と自分とが結びつくことともいえる。また、働く目的は人それぞれであってよいものである。果たして、みなさんはどのような目的で働くのだろうか？

　（公財）日本生産性本部が毎年実施している新入社員を対象とした「働くことの意識」調査によると、働く目的の上位ベスト２は、次のとおりである。

　　1　楽しい生活をしたい ――― 41.1％
　　2　経済的に豊かになる ――― 30.4％

（「働くことの意識」2018）

　この２つは過去最高水準を示し、就労意識では「仕事を通して人間関係を広げていきたい」が当年も１位（94.1％）となっている。

　本格的な職業人生のスタートを切ろうとしているみなさんにとって、働くとはどんな意味を持つのだろうか？　きっと、社会へ出て本格的な仕事人生を目前にする今、不安と戸惑いが胸の中で渦巻いていることだろう。

　自由で気楽ではあるけれども、どこかふわふわと落ち着きなく社会のどこにも居場所がないような浮遊感を感じる学生時代。落ち着かない学生生活ではあるが、さりとて拘束の激しい職業生活に入るのも、不安が大きい。だが、職業の世界は、生きている実感がリアルに感じられるとても素晴らしいところである。

　最初は満足なレベルの仕事ができず、上司や先輩から叱責を浴びることもあるだろう。その中で工夫や努力を続けていくと、やがて、仕事がうまくできる段階が実感できてくる。仕事を自分でコントロールできるレベルになってくると一人前、そこで社会に居場所ができた感覚を、やっと持つことができるだろう。自分にも自信ができ、周囲の人たちの自分に対する見方も違ってくる。大切に扱われ、優しくもなってくるのである。そこに至れば、社会にしっかり自

立して生きる自分を意識でき、社会で生きることの素晴らしさも体感することができるだろう。

　生きることの実感が薄れつつあるといわれる今、働く意味は、近代以前の社会とは、その中心的意味も違ってきているともいわれる。

　今一度、働くことの意味の歴史を、簡単に振り返ってみよう。

1. 働く原点

　"働く"という字は「人が動く」と書いて成り立っている。人は生きるために、食べ物を動き回って確保しなければならない。川辺や湧き水のところへ行って水を飲む。また林の木に登り土を掘って、木の実や草の根を取る。さらに武器を手に持ち、森の獣と命がけで闘って捕らえる。また、雨や寒さをしのぐため、獣の皮をはいで衣服を作り、地面に洞穴を掘って住居とした。原始時代の人間は、自ら地球上を動き回って自らの衣食住を確保していたのである。それが働くことの起源であり、本来の意味である。

2. 自給自足から交換経済へ

　その後文明が進み、道具や馬牛の力を使って農耕や牧畜生活が始まり、さまざまな生きるための農産物の栽培が始まった。また船や網を作り、人は沖まで行ってさまざまな魚介類を取ってくることができるようにもなった。

　生産性が上がり、自分たちが食べる分以上の余剰が生まれた。ここに至って、海の幸と山の幸との物々交換などが始まったのを端緒に、衣服をはじめ生活に必要な商品の生産が世界各地で興り、いわゆる貨幣を媒体とする交換経済社会へと、発展していくのである。

3. そして現在の依存社会へ

　18世紀半ば英国で産業革命が起こって以来、石炭・石油・電気などのエネルギーが使われ、さまざまな発明や開発により、飛躍的に便利な社会が出現した。ここにきて、かつては食べることで精一杯であった生活から、衣食住の向上をはじめ、教育、芸術、娯楽など、いろいろな方面で人間の生活が拡大し豊かさが増していった。ラジオやテレビをはじめ、電話、自動車、飛行機など文明の利器が日々発展していくのである。

　それは一方で、社会に対する個人の依存度を高めることにもなっていった。

キャリア 「キャリア」（career）は中世ラテン語の「車道」を起源とし、英語で、競馬場や競技場におけるコースやそのトラック（行路、足跡）を意味するものであった。そこから、人がたどる行路やその足跡、経歴、遍歴なども意味するようになり、このほか、特別な訓練を要する職業や生涯の仕事、職業上の出世や成功を表すようになった。

　このように、経歴、遍歴、生涯と結びつけて「キャリア」という言葉が使われることが多くなっている。人の一生における経歴一般は頭にライフをつけて「人生キャリア」（life career）と呼び（広義のキャリア）、そのうち職業を切り口として捉えた場合の人の一生・経歴・履歴の特定部分を「職業キャリア」（professional /occupational/vocational career）と呼んで区別することがある（狭義のキャリア）。

　スーパー（Donald E. Super）の「ライフキャリア・レインボー」は、虹の形を使って、働くことはライフロール（人生役割）の一部であって、働くこともそれ以外の生活のさまざまな役割も含めて人間の「ライフキャリア」であるとしている。また、生まれてから死ぬまでの役割として、子ども、学生、余暇、市民、働く人、家庭人などをあげている。

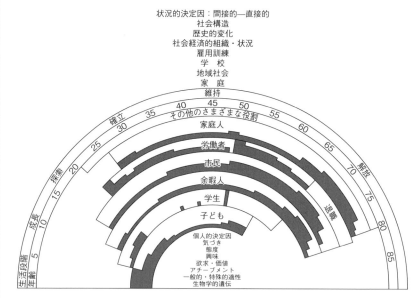

ライフキャリア・レインボー（出典：Nevill & Super, 1986 を一部改訂）

この飽食日本での食料自給率は、2018年度現在、カロリーベースでわずか38%である。テクノロジー的合理主義[※1]と分業経済システム[※2]の社会となり、労働細分化[※3]が広がった結果、さまざまな職業が生まれる一方、衣食住をはじめ生活のあらゆる面で、私たちは社会に依存しなければ生きていけない存在になった。私たちの食べる食物、身にまとっている衣類、住んでいる家屋、運転している自転車や自家用車、持っている鞄や傘に至るまで、生活物資のほとんどすべてが、たくさんの他者の労働の成果なのである。

そうであれば、現代社会で生きていくためには、私たち一人一人が、社会の生産活動の中の一役割、1つのパーツを担うことが期待される。それは義務といってもよい。そして、そのパーツは自分にふさわしいもの、つまり、自分の得手や強みや興味等の個性が、反映される世界が望まれるのである。

■仕事が成り立つ条件 ―「自己満足と他者満足」

「自分がやりたいこと、自分の好きな仕事がみつかるまでは」といって、就労を避け続ける若者は今も多い。しかし、かつて『坊ちゃん』の著者・夏目漱石は、「道楽と職業」という講演で、こう語っている。

「職業というものは要するに人のためにするものだということに、どうしても根本義を置かなくてはなりません。人のためにする結果が己のためになるのだから、元はどうしても他人本位である。」

仕事とは、自分以外の人の喜びや充足など、他者満足をもって成り立つ営みである。例をあげれば、あるイタリアンレストランの味や雰囲気が不評ならお客は来なくなる。その店のシェフが「うちのパスタは美味しいはず」といってもダメである。客足が途絶えれば、その店はつぶれ、シェフは仕事を失う。

この“仕事は他者満足をもって成り立つ”ということは、どの職業にもいえる基本原理である。

4. これから目指すべき働き方・生き方

「大企業での安泰な職業人生」、それが今まで目指すべき大多数の生き方モデ

※1　近代社会を支配してきた考え方。具体的には、理性を駆使してさまざまな科学技術を進歩させることが、人間の幸福を実現するものだとする思想。
※2　生産過程をいくつかの工程に分けて、能率を高めるシステムのこと。自動車工場のオートメーションシステムを思い浮かべるとわかりやすい。
※3　労働者の側からみた分業のこと。モノを作る工程を細かく分け、それぞれ違う者が担う。完成まで同じ人が担当できないことから、働きがいが持ちにくく労働疎外に陥りやすい。

ルだった。それに替わるこれからの時代に望まれる生き方の具体的モデルは何か？

　その１つの方向が、自分の個性を生かしたキャリアの発見とその開発である。自分の興味や能力や価値観に沿った働き方・生き方の模索である。

　個人主導のキャリアデザインをうたい、組織に頼れない個人独自の人生行路を歩んでいくには、自分の強みを生かすコースをたどっていく以外に道はない。職業が他者満足をその必要条件にして成り立つ厳しい営みであり、徒手空拳で社会と立ち向かわねばならないのであれば、自分の得意技で勝負するのは、生き方として当然であり、成功や幸福への黄金のセオリーである。

　自分の優れた才能を見出し、それを伸ばしていくには、何より体験こそが最高の養分となる。職業との関係の中での得手を知るためには、さまざまな職業体験こそ力になる。具体的にいえば、中学校で行う職場体験、高校や専門学校でのデュアルシステム、大学でのインターンシップ、アルバイト、ボランティア等の体験である。

　このインターンシップ体験は、自己理解に役立つだけでなく、実際の就職にも活用される。日本民放で初めて衛星放送をスタートさせたW社は、インターンシップ参加者を中心に採用している。こうすると間違いのない人材が採用できるという。インターンシップの活用は、今学生の就職には欠かせないものになっている。

　また、自分の個性や強みを発見するためのツールとして、心理検査も大いに有効である。職業興味を測定する職業レディネス・テスト（VRT）や、職業の基礎的能力を測定する厚生労働省編一般職業適性検査（GATB）などの各種の職業適性検査が現在使われている。これらを職業や進路の選択状況に合わせてバッテリーを組み活用する。心理検査は生き方を考えるツールの１つとして上手に活用すれば、人生の岐路における重要な意志決定に役立てることができるだろう。

第3節
働き方のさまざまと働く未来

　現在の働き方の特徴は、多様化である。正社員、契約社員、派遣社員、パート・アルバイト、自営、テレワーク、SOHO[※1]（small office home office）、FA（フリーエージェント）など、企業や社会の変動によって、さまざまな働き方が生まれてきた。

　会社内においても、多くの会社員が、終身雇用、年功序列の下、長期雇用を前提にした正社員で働いてきたが、それは一部だけに限られつつある。つまり、正社員の中の基幹業務を担う"ライン社員＝長期の社内知識技能を蓄積する社員"は少数派になったのである。

　その他の者は、いわゆる担当部長、担当課長と呼ばれる部下のいない社員層と、有期雇用契約の従業員層に振り分けられた。具体的には、高度な専門技能層と雇用柔軟型と呼ばれるテンポラリー層[※2]の2つである。

　また、これら雇われ方の多様化の一方で、「雇われない自由な働き方」がこれからの時代の働き方の有力なモデルとして、脚光を浴びつつある。"働くこと＝1つの会社や官公庁という組織に勤めること"の時代が長く続いてきたが、それを超える生き方が、生まれつつあるのだ。社内外での副業をすすめる企業が多発しているのもその流れの1つである。

　これらは、組織任せのキャリア形成から、個人主体のキャリア形成の時代になったのと連動した動きである。会社に従属的、依存的な生き方を強いられてきた会社人間の時代は終わり、自由で独立した働き方、組織と対等にできる働き方が可能になってきているのだ。2008年3月に施行された「労働契約法」に明記された**労働契約の原則**、すなわち**「労働契約は、労働者及び使用者が対等の立場における合意に基づいて締結し、又は変更すべきものとする。」**の主旨が、ようやくここに来て働く現場に広がってきているのである。

　個人主導のキャリア形成の下で多様化する働き方の理解を深め、働くことの意味を明確化するために、まずその背景に少し触れておきたい。

※1　パソコンやインターネットを使った在宅勤務を含め、小規模なオフィスのこと。
※2　パートやアルバイト、契約や派遣社員といった短期雇用を担う労働者層のこと。

1．個別の時代

　パーソナルな時代である。

　家族一人一人にそれぞれの部屋があり、一人一人のカバンに専用のスマホが入っている。

　所持するモノばかりではない。生活の仕方も、家族みなそれぞれ個人単位で構成されている。みな家族として１つ同じ屋根の下に一緒に暮らしてはいるが、それぞれホテルの宿泊客のようにバラバラである。家族の中でも個人の生活がまずあり、それが優先される時代になってきたのである。まさに「個人のための家族」の時代といえる。

　その生き方は、働き方にも色濃く反映されつつある。

　ワークライフバランスが叫ばれる今、みなさんは会社と個人のどちらを優先するであろうか。会社に忠誠を誓い指示命令に従って働けば、一生生活の面倒をみてくれた時代は終わった。大手企業は終身雇用制度の見直しの一環として、社宅を廃止し、家族手当を廃止しつつある。さらに組織側の大きな変化は、常用雇用の縮小である。採用方針上でいえば、正社員の一括大量採用から通年少数採用への転換である。「必要なときに必要な人材だけを」の発想の下で、採用計画や雇用方針が決められていく。

　組織側からの雇用や採用の方向転換に伴い、労働者側の働き方も変わりつつある。働き方を考える際には、この雇用環境の変化と個人意識の変化の両方を意識しながら、考えていくことが必要である。

2．働き方の分類「縦断的」と「横断的」

　まずキャリアを意識した働き方を考えていく場合には、２つの基準軸を考えることが重要だ。その第一のものは、時間軸。第二のものは組織との関わり方の軸である。時間軸はキャリアをたどっていく際、それはどのようなコースであるかという縦断的軸のことを指す。

　具体的には、キャリアを形成する道筋が、組織や会社に雇用されながらのものであるか、雇用されない働き方をたどるのか、それともそれらの混合型かの大きく分けて３つの形態がある。

（１）縦断的働き方
　①　一企業キャリアコース

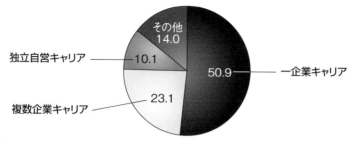

一企業キャリア ：「1つの企業に長く勤め、だんだん管理的な地位になっていくコース」
　　　　　　　　＋「1つの企業に長く勤め、ある仕事の専門家になるコース」
複数企業キャリア：「いくつかの企業を経験して、だんだん管理的な地位になっていくコース」
　　　　　　　　＋「いくつかの企業を経験して、ある仕事の専門家になるコース」
独立自営キャリア：「最初は雇われて働き、後に独立して仕事をするコース」＋「最初から独
　　　　　　　　立して仕事をするコース」

（（独）労働政策研究・研修機構「第7回勤労生活に関する調査」2016）

図1－1　望ましいキャリア形成

② 　複数企業キャリアコース
③ 　独立自営キャリアコース

　狭義の意味でいえば、キャリアとは"仕事人生"である。その仕事人生での働き方を、1つの会社内でたどるか、それとも否かは、われわれ日本人にとって、今でも大きなテーマである。

　労働流動化も活発化する今、1つの企業内にとどまらない働き方・生き方を考えざるをえない時代ではあるが、人々の意識はまだ企業内キャリア志向が、色濃く残っている、

　「第7回勤労生活に関する調査」（独立行政法人 労働政策研究・研修機構、2016）によると、最も望ましい仕事コース（職業キャリア）については、1つの企業に長く勤める「一企業キャリア」が望ましいとする割合が50.9％を占め、最も多かった（図1－1）。複数企業に勤務する「複数企業キャリア」は23.1％である。最初は雇われて、後に独立する、あるいは最初から独立して仕事をするという「独立自営キャリア」は10.1％にとどまっている。ここ10年間でみても、一企業内キャリア・コースは40.5％から50.9％へと上昇してきた一方、独立コースは14.0％から10.1％へと年々下降傾向を示している。

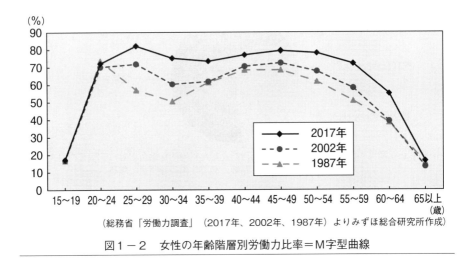

（総務省「労働力調査」（2017年、2002年、1987年）よりみずほ総合研究所作成）

図1－2　女性の年齢階層別労働力比率＝M字型曲線

　グローバル化がますます拡がる世界に反して、日本の若者の内向きが憂慮されているが、働き方の中にもその傾向が色濃いといわざるをえない。

（2）女性の働き方の今日・明日

①　M字型曲線

　日本の女性の働き方は、欧米諸国の女性と比べて顕著な違いと特徴がある。それはM字型曲線と呼ばれるものである（図1－2）。

　これは年齢階層別労働力比率の分布を表す曲線のことである。このM字型は、25歳から30歳代にかけて、出産、育児のために、就労を中断する女性が、日本の場合はきわめて多いことを示唆している。

　国際比較の図でみると、アメリカやスウェーデンなどでは、このM字カーブはみられない（図1－3）。日本も年々このM字カーブが解消しつつあるが、その背景として、各種調査は①非正規雇用の増加、②非婚化晩婚化の進行、③共働きの増加の3点を指摘している。

　また、この労働力比率のM字カーブは、大学・大学院卒の女性については、あてはまらない。この高学歴女性のキャリア・パターンは、最初の20～24歳の就職率がきわめて高いことが、M字カーブにならない原因になっている。ただ、結婚・育児による就労の中断はやはりあり、M字カーブの底に当たる層は以前から35～39歳と高齢傾向を示していた。

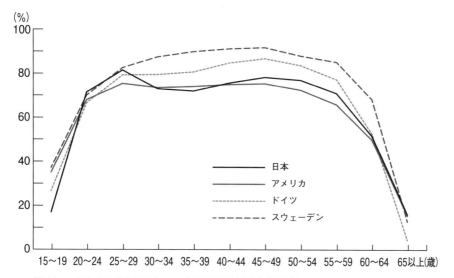

（備考）1　日本：総務省統計局（2017.3）「労働力調査（基本集計）」（2015年国勢調査基準）
　　　　2　その他：OECD database (http://stats.oecd.org/) 2017年12月現在
　　　　3　アメリカの「15〜19歳」は16〜19歳。
　　　　4　スウェーデンの「65歳以上」は65〜74歳。

（労働政策研究・研修機構「データブック国際労働比較2018」）

図1−3　女性労働力比率の国際比較

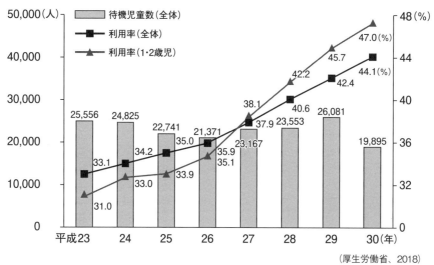

（厚生労働省、2018）

図1−4　保育所等待機児童数および保育所等利用率の推移

② 待機児童の問題と子どものパーソナリティ

　以前から女性の働き方に関して懸案になっているのが、保育所への入所を待つ待機児童の問題である。平成25年4月に待機児童ゼロ宣言をした横浜市をはじめ、自治体での努力にかかわらず、この待機児童の数は決して減っていない（図1－4）。

　平成21年度から2万人の大台に乗り、平成29年度まで、2万人から3万人の間を上下してきた。平成30年度になって19,895人と、2万人をわずかに切ったのが現状だ。

　この中で特に問題になるのは、3歳未満の待機児童数の増加である。平成17年15,831名だったのが、平成30年では17,626名となり、この13年で1,795名（11.3％）も増加している。

　3歳頃までは、人間の基本的な信頼感を培う重要な発達ステージである。この時期に一貫性を伴った母親との豊かな情緒的交流があるかどうかが、子どもが成人した際のパーソナリティの形成に、重大な影響を及ぼす。

　2000年前後に切れる若者の犯罪が多発し社会問題化したが、当時の文部科学省の調査チームは、4歳までの養育環境にその原因があるという結果を出した。

　昨今、虐待数が史上最高の数値を毎年更新している。平成29年度児童相談所での対応件数は133,778件で、平成19年度40,639件のおよそ3倍にこの10年で膨れ上がっている（図1－5）。

　この成育環境における愛情剥奪や見捨てられ体験による心的ダメージは、まっさらな乳幼児の心に、大きな負の痕跡を残していくのである。肉体は、徐々に大きくなり育っていく一方、心の栄養分である愛情が日常的に不足したままでは、その未来に、さまざまな社会を悩ます現象が生じてくるのである。

　その1つが境界性パーソナリティ障害に代表される人格障害の顕在化である。彼らが社会的場面で表現する場違いな怒り、賞賛とこき下ろしの間で激しく揺れ動く対人関係、当人自身の摂食障害やリストカット、これらの自傷行為や自殺への親和性、さらにストーカーによる殺傷事件等、その根は乳幼児期の成育環境にあると察するのは難くない。

　当人の内面に、自分に対しても人に対しても、安心を得る信頼感が十分に育たない中、当人も多大な生きづらさを抱える一方、周囲の人も巻き込まれ傷つくことも多く、誰にとってもいいことはない。当人も周囲も社会も、特に思春期以降、長きにわたって苦しむことになるのである。

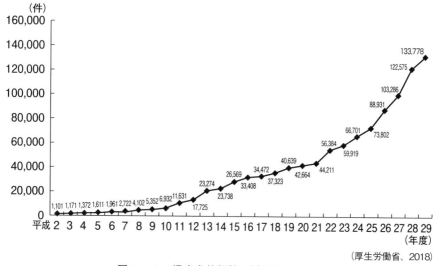

（厚生労働省、2018）

図1-5　児童虐待相談の対応件数の推移

　この乳幼児期に安定した成育環境がいかに大切かは、さまざまな新旧の研究データで示されている。社会の安定には、乳幼児期の養育環境こそがとても重要だ。

　だが、現在全国にいる母子家庭は約123万世帯。８割の母親は働いているが、平均年収は200万円（厚生労働省「ひとり親家庭等の現状について」平成29年12月発表）にとどまる。平均世帯年収の552万円とは大きな開きがある。

　17歳以下の子どもの約７人に１人が貧困世帯といわれる。それを支援する「子ども食堂」が2012年に東京都大田区で誕生して以来、年々増え、2019年６月現在全国で3,700か所に上っている。

　乳幼児期に母親と、あるいは母なる人と安定した情緒的交流ができた人は、幸せである。子どもも母親も安心して生きていける環境整備が、早急に待たれるところである。

（3）横断的働き方

　以上が時間的経過のスパンでの働き方であったが、もう一方の切り口として、組織とどう関わるかという、今ここでの働き方という横断的な発想での働き方である。

その具体的なものとして、大きな枠組みとして「雇われる働き方」と「雇われない働き方」の２つに分けて考えることができる。それを、まとめると、次のようなものになる。

Ⅰ　雇用される働き方 ──── ①　正社員
　　　　　　　　　　　　②　契約社員
　　　　　　　　　　　　③　派遣労働者
　　　　　　　　　　　　④　パート・アルバイト
　　　　　　　　　　　　⑤　臨時社員
Ⅱ　雇用されない働き方 ── ①　自営
　　　　　　　　　　　　②　専門フリーエージェント
　　　　　　　　　　　　③　SOHO
　　　　　　　　　　　　④　NPO運営
　　　　　　　　　　　　⑤　家事労働・育児労働
　　　　　　　　　　　　⑥　地域・学校等での活動（ボランティア含む）

（4）働く未来

　第４次産業革命ともいわれる人工知能（AI）等のデジタル技術の拡大により、今働く現場は未曽有のスピードで変化している。

　2018年９月の世界経済フォーラムでは、「2022年までに全世界で7,500万人の職が消え、１億3,300万人の新たな雇用が生まれる」と報告された。さらに、「必要とされる職務スキルも、急速に進む現場の技術的変化により、未曽有のペースで変容をしている」と加えられた。

①　49％の仕事がロボットに代替、人に求められる３つの職業力

　野村総合研究所が行った2015年の調査報告では、今後10年から20年後の日本国内の労働人口の49％は、AIやロボットに代替可能と推計された。特にデータ分析や、秩序的・体系的な操作が求められる職業では、AIなどにとって替わられる可能性が高い、と指摘された。そのため銀行業界では、ここ数年事務系の一般職の採用を大幅に減らしている。

　「今ある仕事がなくなるのではなく、仕事の中身が変わる。"AIにできない創造的思考"、"高度なコミュニケーション"、"定型でない対応"などを人が受け持ち、有効に発揮する力が求められる」（同研究所）

会計士や税理士の定型的な作業は、すでに数々のソフトが代替している。それらのソフトを上手に操作し、有効に活用する総合思考やスキルが、人に求められている。

②　人材採用の現場もすでにAIを活用

採用活動で見ると、初期段階の選考でAIの導入が、今急速に進んでいる。

たとえば、東京都港区のある採用コンサルタント会社によると、2019年6月段階で、企業や大学など100社が導入済みで、その過程はこうだ。まず、書類選考や一次面接などの初期段階に活用され、その作業は委託業者が行う。絞り込んだ上で採用する組織の担当者や上層部が面接を行って、最終的な採用の有無を決定するのがパターンだという。

選考にかける時間と労力が減り、効率化が図れる。志望する側も、初期の面接で来社する必要がなくなり、遠方に住む学生にとっては、費用と時間の節約になっているという。

最終的な意思決定は常に人が行い、その過程での効率化にAIやロボットに貢献してもらう。それが未来の働き方のイメージといってよいであろう。

若者の働く問題

1. 若年労働者の問題

　総務省の「労働力調査」によれば、2018年の15〜34歳の若年人口は2,545万人、うち就業者は1,682万人で全体の66.1%を占める。

　この就業者1,682万人のうち、雇用者は1,607万人（95.5%）である。

　この雇用者1,607万人のうち、契約社員・派遣社員やパート・アルバイト等の非正規若年労働者は、537万人にも上り、全体の33.4%を占めている（図1－6）。1990年の段階では、261万人で15.6%にすぎなかった。この28年余りの間に2倍に増え、働く若者の3人に1人は非正規の労働者として働いていることになる。

　この非正規労働の増加による生活の不安定化とキャリア発達の不全化は、大きな社会問題ともなっている。

　正規労働者以外のアルバイトやパートで働く若者を、フリーターと呼ぶ。一方、働くことも学校へ行くことも職業訓練もしない、働く準備をしない若者、いわゆるNEET（Not in Education, Employment or Training）といわれる若者も71万人（15〜39歳／2018）を数え、ここ数年70万人台の水準で高止まりしている（図1－10）。

　さらに、2018年3月に卒業した四年制大学生56.5万人のうち、就職した者が43.6万人（77.1%）とここ数年増加傾向を示している。

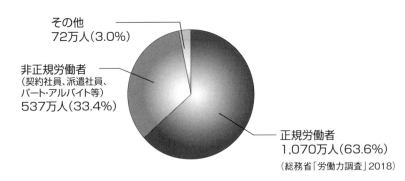

図1－6　働く若者の雇用形態

　問題なのは、就職もせず進学もせずに無業者で社会に出た者が、4.0万人（7.0%）いるところである。好景気に支えられ、ここ数年では最も少なくなったとはいえ、最高学府まで修めた大卒者のうち、未だに4万人もの多くの若者が無業者として世に出て行くのである。

　また、一時的な仕事に就いた者も、0.87万人（1.5%）を数えた。この大卒フリー

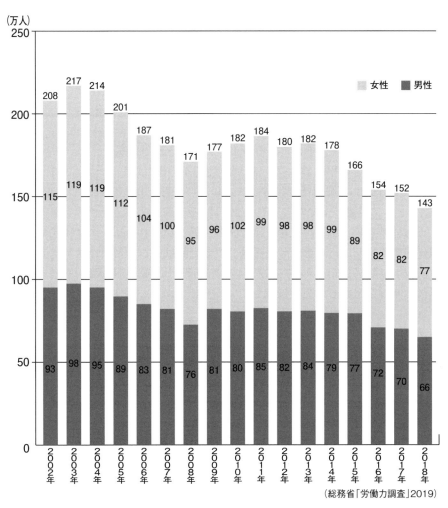

（総務省「労働力調査」2019）

図1－7　若年層のパート・アルバイトおよびその希望者
（完全失業者＋非労働人口）（いわゆるフリーター）数

ターも、毎年必ずみられる現象となっている。

2. 非正規労働者の問題点

今や働く若者（15 ～ 34歳）の３人に１人が、非正規労働者である。働く全年齢層で見ても、2012年に1,846万人だった非正規労働者は、2018年12月では2,152万人とこの６年間で306万人も増え、割合も過去最高の38％となった。

この非正規若年労働者の問題点は２つある。１つは待遇格差であり、もう１つはキャリア発達の困難さである。

（1）待遇格差

これまで、契約社員、派遣社員、パート・アルバイト等、多くの非正規労働者が生まれてきた。それは働き方の多様性が広がるメリットの一方で、不合理な待遇上の格差を生んできた。その１つが賃金格差である。

非正規労働者の平均賃金は、2018年度209.4万円である。一方、正社員・正職員の平均賃金は323.9万円となっている。その差は100万円以上である。さらに、キャリア発達の上での決定的な格差は、その賃金上昇カーブの有無である。

正規労働者は、年齢が上がるほど賃金上昇がなされ、ピークは50代で400万円に達する。一方、非正規労働者は、賃金上昇はほとんどなく全年齢層で200万円前後で推移している。特に女性はひどく、35 ～ 39歳の192.6万円がピークで、以後は年齢を重ねるに従い微減していく有様である。男性でも、25 ～ 29歳の年齢層になって初めて200万円に達するが、その後伸びはほとんどなく、230万円前後で推移しているのが実情だ（図１－８）。

ヨーロッパの先進諸国では、同一労働同一賃金が当たり前になっているが、日本もようやくここにきて働き方改革の柱の１つに掲げ、是正に乗り出した。

フリーター　フリーターとは、フリーとアルバイターを合わせた造語である。1987 年、当時の「フロムＡ」編集長の道下裕史氏が命名した。

彼は、バンド活動や演劇等で身を立てようと奮闘する若者を、応援するつもりで名づけたのである。フリーターがまがりなりにも市民権を獲得し、パーソナルな意識がますます深まりつつある今、フリーターという働き方をどう積極的に活用するかも多様化しつつある。

最低賃金の上昇もその１つで、2019年10月の改正で、全国一高い東京都の時給は1,013円となり、千円の大台を超えた。また全国平均でも、この６年間で125円上がっている。

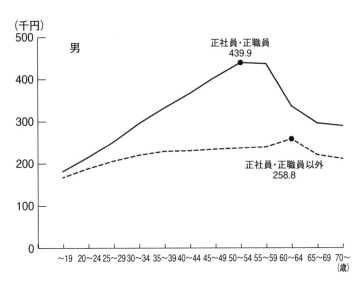

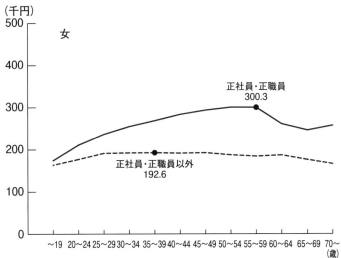

（厚生労働省「平成30年賃金構造基本統計調査」）

図１－８　雇用形態、性、年齢階級別賃金

しかし、正規労働者との隔たりは大きく、待遇格差改善の広がりと定着は、まだまだこれからといえるだろう。

（2）キャリア発達の難しさ

　低い賃金と雇用期間の短さにより、生活の不安定さを抱える非正規労働者のもう１つの問題は、職業人としての成長や家庭人としての発達が、正規雇用労働者と比べ困難であるところである。

　より高度で重要な仕事への発達移行ができないことにより、所得の伸びも期待できず、結婚しても親にならない（なれない）現実がある。数年前の調査だが、若い夫婦は世帯収入が400万円を超えないと、子どもを作らない傾向が強いことが明らかになっている。

　非正規労働者の能力開発がなされないことを示す、その１つとして象徴的なのは、2018年度の経済財政白書の中の「能力開発に関連する人材マネジメント」の項目である。

　この中にある「企業が費用を負担する社外教育」の項目では、いわゆる正社員に対しては85％が実施しているが、非正社員に対しては約40％にすぎない。また、最も肝心といえる「キャリア形成を目的とした配置転換」の項目では、正社員に対しては約８割が行われているのに対して、非正社員ではほとんど実施されていない（図１－９）。

　人生100年時代を迎え、生涯学習・生涯発達・生涯活躍の今、非正規労働者は、自らの得手強味を発見し、それらを職業にまで高める自発的な能力開発の発想を持つことが、ますます重要になる。特に、未来がある若年非正規労働者には、その意思を強く持ってもらいたい。

　一方働く場を提供する組織側にとっても、これら非正規労働者が持つ潜在リソース（職業能力資源）の発見をサポートし、その人個々に応じたキャリア開発のシステムを提供していくエンプロイメンタビリティが、強く求められる。

　少子高齢化が急速に進む今後の日本社会では、人手不足は一層深刻化する。それと同時にAI活用も本格化する中で、非正規労働者の新しい働き方に沿う職業発達を、強力にサポートする組織の有り様も、今きびしく問われているといえるだろう。

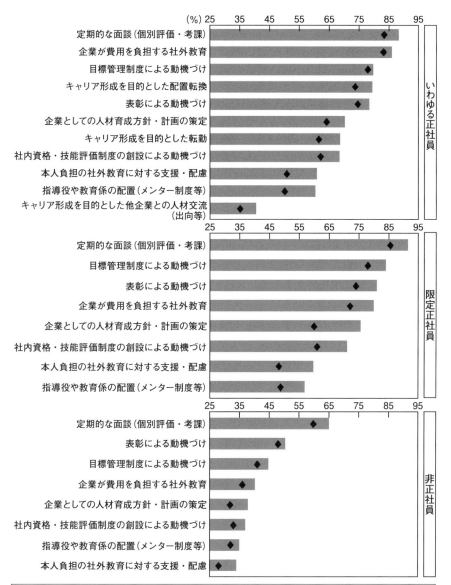

■多様な人材の能力が十分に発揮されている企業　◆多様な人材の能力の発揮に向けて課題がある企業

（（独）労働政策研究・研修機構「多様な働き方の進展と人材マネジメントの在り方に関する調査（企業調査票）」
（2018年）の個票を厚生労働省労働政策担当参事官室にて独自集計）

図1－9　多様な人材の能力発揮と雇用形態別にみた能力開発に関連する人材マネジメント

3．これからの職業人に求められるのはエンプロイアビリティ

　かつて（独）日本労働政策研究・研修機構が実施した調査で、非正規の若年労働者であっても、「優秀」と認められた場合は、会社側が、職業発達が遂げられる積極的に高度な仕事を与えてくれる企業の割合が、ほぼ10倍に増加することが判明した。特に300人未満の中小企業でその傾向が目立ち、人材育成とその確保を意欲的に行っている姿がみえてくる。このことは、若者からみれば、中小企業ほど能力開発を可能にする機会が得やすく、若年時のキャリア形成には有利であるということである。

　これは、1つのキャリア形成の上で、有力な示唆を与えてくれる。なぜならば、ある一定のレベルにまで成長しえた職業人は、他の組織からも有能で必要な人材になりえるからである。

　プロ野球の一軍選手で考えるとわかりやすいだろう。二軍レベルの選手には、他の球団からはお声はかからないだろうが、すでに一軍のレギュラーレベルに達している選手には、他の球団から戦力としてほしいと求められる可能性が出てくるのだ。

　2019年アメリカ大リーグを引退したイチロー選手が良い例である。

　高卒後日本プロ野球球団オリックスに入団。入団当初はドラフト4位、それ程注目されず2年間は二軍生活を送った。3年目に監督に昇格した仰木彬氏に見出されてからは一軍レギュラーとして定着、7年連続首位打者に輝くのである。その後、大リーグから声がかかりマリナーズへ入団、初年度アメリカンリーグで首位打者を獲得し、その後も活躍を続けてきたのは、みなさんもよくご存知の通りである。

　日本プロ野球界へ入り、アメリカ大リーグ球団マリナーズとヤンキース等に雇われることを可能にしたのは、職業野球選手としての彼の優れた能力、彼が努力で開発し獲得してきた一流の技術である。このように、職業組織に雇われることを可能にする能力のことを、エンプロイアビリティと呼ぶ。これはEmploy（雇用する）とAbility（能力）を組み合わせた用語である。

　現代の職業社会は、人工知能（AI）等のデジタル技術の広がりによる産業構造の急激な変化に伴い、個人は環境の変化に素早く適応し、必要に応じて異動や転籍・転職をスムーズに行う対応力が必要とされている。

　そのため、個人は常に自らのキャリアデザインを念頭に置き、自分自身のエンプロイアビリティを高める努力が不断に求められているのである。

生涯学習が今声高く叫ばれているが、その背景もここにあるといえる。

このどこでもいつでも雇用されうる能力であるエンプロイアビリティは、労働者にとっての新たなセイフティネットである。終身雇用に代わる安心袋といえるだろう。

〈今、若年労働者に求められるもの〉

では、「この若者は伸びる、優秀だ」と感じさせるにはどうしたらよいのだろうか？

非正規で雇用される以上、そのときどきで発生した仕事か、決まった範囲の決まりきった仕事しか与えられない中、自分が成長できる高度な仕事を積極的に与えてもらえるようにするには、どうすればよいのだろうか？

その1つのヒントを与えるのが、同じ調査の中で明らかにされた「正社員登用に当たって重視する点」である。

それによると、「仕事に対する意欲」が82.0％と最も高かった。「知識技能レベル」よりも高く、「登用までの実績」や「協調性」を差し置いてダントツ1位だった。

では、「仕事への意欲」とは何か？　一番わかりやすく示す方法は何だろうか？

それは、情熱を持って職務に当たり、時間を忘れて没頭する姿である。どんな簡単な仕事もおろそかにしない心である。工夫を重ねて少しでもよくしていこうとする前向きでひたむきな態度である。

意欲的に取り組んでいるその姿から、将来大きく会社に貢献し、重要な地位を占めている彼の未来の姿が透けてみえてくるのである。その献身的な若き姿に、壮年や老年期に入った会社の先輩や幹部は、惚れるのである。

「やらされている」という意識でなく、「何でも吸収しよう」という積極的な心構えである。別のいい方をすれば、給料分の仕事をすればいいやではなく、今の給料の2倍3倍の働きを、惜しみなくしようとする意識であり、上の仕事を少しでやらせてもらいたいという進取の気性である。そうすれば、育ててみたい、機会を与えてやりたいという意欲が、会社側に生まれてくるのだ。

それと同時に、キャリアビジョンやキャリアゴールを明確にする作業も欠かせない。この会社でどこまで能力開発をやり成長を遂げたいのか、この組織で得たいものは何か、どんなことで会社に貢献したいのか等、その実現のための

アクションプランも設定したキャリアデザインを描き、それに向かって日々熟意をもって働くのである。

（このキャリアデザインの描き方は、第5章で詳述しているので、参考にされたい。）

非正規若年労働者である「フリーター」の定義

●厚生労働省の定義　15〜34歳、学校卒業者であって、女性については未婚の者で①パート・アルバイトである雇用者②無業者については家事も通学もしておらずパート・アルバイトの仕事を希望する者。総務省の発表した2018年労働力調査によるとフリーターは143万人である（図1−7）。

4. 引きこもり問題

引きこもる若者の増加が社会問題化して久しい。その典型がニートである。ニート（NEET）とは、Not in Education Employment, or Training の略である。学校にも行かず、仕事もせずその訓練もしていない無業者のことである。この若年無業者であるニート（15〜39歳）が2018年で71万人いる（図1−10）。

ニートはフリーターとは違う。フリーターは、まがりなりにも働いており（平均週4.5日勤務）、不十分ではあるが、それなりの形で社会参加を果たしている。しかし、ニートは、社会不参加状態の若者たちである。

若年者の最大の課題が、学校生活から職業生活への速やかな移行であるなら、ニートと社会の溝は深い。

「令和元年版 子ども・若者白書」によれば、引きこもり状態になったきっかけとして、「退職したこと」が最も多く、「人間関係がうまくいかなかった」と「職場になじめなかった」が続いている。

これらは、人間関係等のため職場になじめず定着することができなかったことを示唆している。

彼らの内面には、人への不信感や不安感が根強い。彼らに、職場への参加や復帰を促進していくには、この人間不信と不安をまず解消していくことが先決となる。彼らの根深い社会への不信と不安が信頼と安心へと変われば、GATBやVRT等の適性検査を活用して、彼ら自身の個性を生かした職業選択が可能となる。ここまで来れば、働く心構えはかなり整っているはずだ。

そうして初めて、定着できなかった職場へ、何とかなじめるように今度は頑

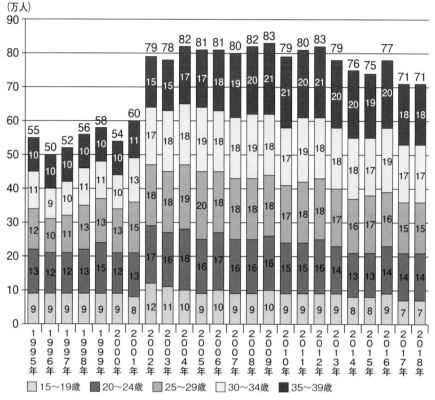

（総務省統計局「労働力調査」2019）

図1−10　若年無業者（≒ニート）数

張ってやっていこうという意欲も生まれているだろう。

　無業者の中には、すでにそれまでの学校生活の中で、人間関係や、集団生活への不適応を経験している者も少なくない。

　文部科学省の「学校基本調査」によれば、2018年度全国の小中学校における不登校児童生徒は約16.5万人、高校中退者は約4.9万人いる。前年と比較して、小中の不登校数は2.1万人増加、高校中退数はここ数年ほぼ5万人前後で横ばいだが、卒業して即無業者になるのが高卒で約5.3万人、大卒でも4.0万人にのぼる。このように引きこもりになるリスクの高い若者は間断なく生まれている。

5. 引きこもりへの支援

　ニートの高齢化が以前からささやかれていたが、2019年3月に内閣府から「40〜64歳までの引きこもりの人が、全国で約61万人いる」との発表があり、その心配が実証された。15〜39歳までの若年無業者のニート71万人を加えると132万人にも上る。

　親はいつまで親を続けなければならないのか！　親が亡くなった以降も死亡届を出さずに、親の年金を受給し続けた事件が、ちらほら新聞紙上でも報道されている。

　若年無業者対策は、喫急の課題である。

　国の本格的なニート対策は、2005年7月から全国20か所に設置された「若者自立塾」が始まりだった。現在は、全国177か所にある地域若者サポートステーション（愛称：サポステ）が、無業者の若者支援を引き継いでいる。

　筆者が講演で御縁のあった新潟県長岡市の「長岡地域若者サポートステーション」では、15歳から39歳までの若者を対象に、各地域への出張相談も含めた就労相談活動をはじめとして、関連組織とタイアップしたさまざまな就労支援セミナー、地域の企業と連携しての職場見学、実際に働く体験を通して成長を促すジョブトレーニング及び定着支援も定期的に行っている。

　さらに厚労省は、引きこもりに特化した相談窓口を持つ「ひきこもり地域支援センター」を開設（2009年）した。年々設置数は増え、現在では全部の都道府県と指定都市（計67か所）に及んでいる。

　また、市町村の地域福祉を担う社会福祉協議会も、引きこもりの人たちを支援している。秋田県藤里町の社会福祉協議会では、長期間引きこもり状態だった町民の多くを、彼らと肯定的に向き合い就労につなげる手法で、実績を上げている。

　就労に苦しむ若者への支援は、早いほど効果的である。引きこもりに陥ってしまった若者の心理には、人間不信と他者不安が根深く広がっており、その芽の多くは学校時代にあるからだ。

　不登校や高校中退に追い込まれる背景には、夫婦間や世代間の葛藤で生じる家庭内力動の歪をはじめ、学校でのいじめや居場所作りの失敗、あるいは教師や学校への不満や不信等が重なって起こる場合が多い。長くスクールカウンセラーとして、小中高それぞれの学校現場で彼らと関わってきた者として、その

思いは強い。

　人や社会への不信や忌み嫌う心に加えて、依存心の強さというやっかいな心も重なる。それは思春期の課題克服の不全からきている。主に中学時代にあたる思春期での母子分離を果たせないまま、成人期を迎える若者が後を絶たない。わが子に対して愛情深い親ほど、転ばぬ先の杖になりすぎて、その愛が発達阻害要因になってしまうという陥穽にはまるケースが多くみられる。

　「人間は二度生まれる。一度は存在するために、二度目は生きるために」と語ったのは、18世紀の啓蒙思想家ジャン・ジャック・ルソーだった。思春期は自我に目覚める季節であり、親や大人から心理的独立を果たす重要な発達ステージである。この頃を境にして、親もわれわれ大人も、彼らへの関係のとり方を変容しなくてはいけない。

　学校でのいじめや家庭での被支配的関係等面白くない苦痛な人間関係を味わい続ければ、人間関係が嫌になるのは当然である。しかし、**人間関係の問題は、人間関係でしか解決することはできない。**

　彼らへの支援は、人との良い関係の蓄積から始めていくのが望ましい。まず、自分自身でいられる二者関係を味わう。母親や大人が望む自分ではなく、ありのままの自分を他者と向き合う中で感じ取るのだ。Here＆NowでのMyself、いわばマインドフルネスの自分を、関係性の中で感じ取ってみるのである。

　これをベースにして、三者関係に入り、温かく面白いリレーション体験を味わう。自分も相手も大切にする場を他者と共有し、その楽しさや喜びを分かち合うのである。それらの体験が繰り返しできれば、自分らしさの理解と自信も生まれ、彼らの心奥深くにこびりついていた人と社会への不信感や不安感も、少しずつ信頼感や安心感へと変容していくことができるだろう。

　若者サポートステーションや引きこもり地域支援センター等のプログラムに参加してくる若者は、まだエネルギーがあり、ソーシャルサポートに関わりあえる分、自立への道は近いといえる。問題は、これらの支援を受けようとしない若者である。彼らには、地域の民生委員や主任児童委員はじめ、社会福祉協議会や保健所、さらには精神保健福祉センターや医療機関等と連携し、保護者にも寄り添いながら、自尊感情の傷つきに配慮しつつ、根気強い援助が必要である。

■参考文献

「令和元年版 子ども・若者白書」内閣府、2019

「経済財政白書 平成 30 年度版」内閣府、2019

「学校基本調査 平成 30 年度」文部科学省、2019

「労働力調査 平成 30 年度」総務省、2019

「Occupational Psychology 職業の心理」D.E.スーパー（Super）／M.J.ボーン、藤本喜八／大沢武志訳、ダイヤモンド社、1973

「キャリアコンサルティング　理論と実際〔5 訂版〕」木村周、雇用問題研究会、2018

「フリーエージェント社会の到来」D.H.ピンク（Pink）、玄田有史／池村千秋訳、ダイヤモンド社、2002

「脱フリーター社会」橘木俊詔、東洋経済新報社、2004

「ニート」玄田有史、曲沼美恵、幻冬社、2004

「キャリアカウンセリング入門」渡辺三枝子 、E.L.ハー、ナカニシヤ出版、2001

「エンジョイワーカー　『働く』って何だろう？」金屋光彦、雇用問題研究会、2009

第2章
自分を知る

● ねらい ●

　自分についてはよくわかっていると思うかもしれないが、よく考えてみると実はわからない自分に気づくことがある。何かについて楽しいと思ったり、つまらないと感じたりすることは、人によって違いがある。物事に対する感じ方や受け取り方は人それぞれである。それは経験の違いや個性の違いによるものであり、大切にしたい価値観や得意な技能なども個人の固有なものである。

　本章では、このような自分についての理解の深め方や自己理解の場面、ワークシートを使った自己理解やグループでの自己理解の実践などを通して、将来の人生を選んでいくときの基準ともいえる自己概念を客観的に考えることができるようにする。

自分を知る

　将来の人生を考えたときに、自分の特徴や得意な能力を生かした仕事に就いて、生き生きとした生活を送っていると期待したいものである。そのためには自分にとって生きがいや働きがいのある仕事をみつけたい。

　では、どのようにして自分の特徴や得意な能力を生かせる仕事を探せるのだろうか。そのためには、さまざまな仕事の世界を知る必要がある。自分が興味の持てそうな仕事や自分の得意な能力・適性が生かせそうな仕事を探すことから始めていく。しかし、職業の世界を学び、多くの仕事に興味・関心を持つことは大切なことであるが、仕事を選ぶためには、自分で選ぶ基準を持つことが重要である。そのためには、まず自身について、さまざまな角度からより深く知る必要がある。それが自己理解であり、自分自身を等身大で、あるがままにより深く知ることである。

1．自己理解の意義

　自己理解では、自分自身の分析を通して、あらゆる面から自己を確認し、さらに統合していくことにより、それまで漠然としていた自分像が明らかとなり、自分自身を客観的に理解し、説明することができるようになる。また、自己理解では、自分と環境との関連についても理解が深まっていくものであり、自分と関わった環境への理解が深まることで自己理解も深まり、自己理解が深まることで環境への理解も深まっていく。

　このように自己理解を深めることは、自分自身の客観的な理解を深めるだけでなく、自分と関わったさまざまな環境の理解も深まっていくこととなり、自分を取り巻く多様な環境を選ぶキャリア選択の重要な基準づくりとなる。

2．自己理解の内容

（1）職業的な適合

　自己理解の内容については、何のために行うのかといった目的やどのような人たちが行うのかといった対象、どのような場面で行うのかといったさまざまな条件によって変わってくる。キャリア・ガイダンスやキャリア・カウンセリ

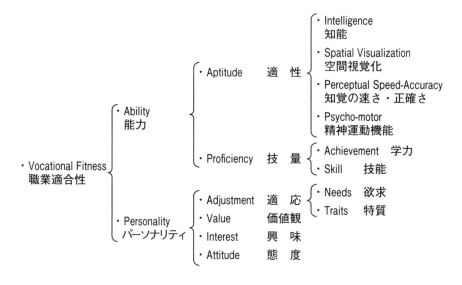

図2-1　職業適合性（D.E.Superの定義）

ングの分野では、ドナルド・スーパー（Donald E. Super 1957）が職業との関係で個人の特性を概念化したのが「職業適合性」である（図2-1）。

　スーパーの職業適合性は、能力的側面とパーソナリティ側面から構造化されている。能力は生得的な適性と学習により習得される技量から構成され、パーソナリティ側面は、欲求や特質（人格特性）が適応に関わり、さらに価値観や興味によって構成されている。

　このような自己理解を深めるためには、能力的な側面やパーソナリティの側面からさまざまな適性検査が作られ、活用されている。

3．職業能力の考え方（自己理解のための理論）

（1）キャリア・アンカー（ライフ・アンカー）〔Career Anchors〕

　職業経験を積み重ねることによってできるキャリア選択の指針としての自己概念を「キャリア・アンカー」といい、キャリアの初期では「ライフ・アンカー（人生の拠り所）」によって方向づけられている。「キャリア・アンカー」とは「個人が選択を迫られたときに、その人が最も放棄したがらない欲求、価値観、能力（才能）等のことで、その個人の自己像の中心をなすもの」と定義される。

エドガー・シャイン（Edgar H. Schein）は、その研究の中で次の8つのキャリア・アンカーが存在するとしている。

① 「技術的、専門的能力志向」：ある特定の仕事に対してエキスパートであると感じるときに満足感を覚える。
② 「経営管理能力志向」：組織内を統率したり、権限の行使に幸せを感じる。
③ 「自主性・独立性志向」：自分のペースと裁量で仕事を自由に決める。
④ 「保障・安全性志向型」：安全で安定したキャリア構築を目指す。
⑤ 「起業家的創造性志向」：リスクを恐れず、達成したものが自分の努力によるものだという欲求が原動力。
⑥ 「他者・社会への貢献志向型」：自分にとって中心的価値と考えるものを志向する。
⑦ 「チャレンジ志向型」：人との競争、目新しさ、変化、困難さが目的。
⑧ 「ライフスタイル志向型」：仕事と家族のバランスを優先する。

　キャリア・アンカーは長期的な職業生活におけるさまざまな経験を通して、しだいに形成されてくるものである。若者には明確になっていないものであるが、キャリア・アンカーを確かめるためには「何が得意か」「何をやりたいのか」「何をやっている自分が充実しているか」という3つの質問を自分に問いかけてみることが有効である。自分なりの答えが出てくれば、進むべき方向がみえてくるはずであり、若者にとっても自己啓発のツールとして活用していくことができる。

（2）エンプロイアビリティ〔Employability〕

　労働者個人の"雇用され得る能力"をいい、Employ（雇用する）とAbility（能力）を組み合わせた言葉。一般的には転職できるための能力を示すが、現在勤務している企業内において継続的に雇用されうる能力という側面も持っている。つまり企業内外を越えた労働市場におけるビジネスパーソンとしての価値といえる。その内容は、知識・技能だけでなく行動特性や思考特性、価値観といった個人の内面的属性までを含めて次のようにとらえられている。
　A．職務遂行に必要となる特定の知識・技能などの顕在的なもの。
　B．協調性、積極性等、職務遂行に当たり、各個人が保持している思考特性

エンプロイアビリティ

　1980年代以降のアメリカでは、技術革新や産業構造の変化に適応するために企業のダウンサイジングやリストラクチャリングが進められた。その結果、企業は労働者の長期的雇用を保障できなくなったが、企業内の固有業務に長年携わってきた人にとっては別の職務に異動することは難しく、転職することはさらに困難であった。

　そこで、長期雇用に代わる労使関係を構築するためにエンプロイアビリティという概念が生まれた。つまり、企業が長期雇用を保障する代わりに他社でも通用する能力（エンプロイアビリティ）を開発するための機会を提供するものである。

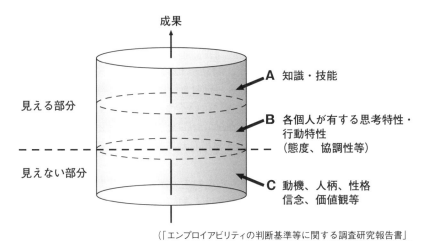

（「エンプロイアビリティの判断基準等に関する調査研究報告書」
厚生労働省職業能力開発局、2001）

図２－２　エンプロイアビリティの構造と内容

や行動特性に関わるもの。

Ｃ．動機、人柄、性格、信念、価値観等の潜在的な個人的属性に関するもの。

（3）コンピテンシー〔Competency〕

　コンピテンシーとは、高い業績をコンスタントに示している人の行動の仕方などにみられる行動特性である。ある職務に必要とされる知識、技能や価値観

などというような細分化された能力でなく、観察可能なスキルなどを通して生み出される行動様式を1つの特性としてまとめたものである。

　高業績者の特性を指標化して、採用、昇格、人材起用等に活用するのがコンピテンシー人事制度である。従来の資格や知識、技能などの「能力」を評価する制度とは異なり、その能力が成果につながる「行動」を評価するものであり、成果主義として活用されている。

　たとえば、専門性が高いということはよいことだが、それだけでは高い成果は得られない。その知識をどれだけ使えるかが重要である。コンピテンシーの評価では、多くの知識があるよりも、少ない知識を使って成果をあげるほうが高い評価となる。

コンピテンシー

　ハーバード大学の心理学者であるデイビット・マクレランド（David C. McClelland）教授を中心にしたグループが、米国務省から「学歴や知能レベルが同等の外交官（外務情報職員）が、開発途上国駐在期間に業績格差がつくのはなぜか？」という依頼を受け、調査・研究を行った結果、「学歴や知能は業績の高さとさほど相関はなく、高業績者にはいくつか共通の行動特性がある」としたことが判明したことが始まりとされ、コンピテンシーは職種、職務などによって異なるものであるが、このときあげられた高業績者外交官の行動特性は次のようなものだった。

① 異文化に対する感受性が優れ、環境対応力が高い。
② どんな相手に対しても人間性を尊重する。
③ 自ら人的ネットワークを構築するのがうまい。

自己理解の方法

　十人十色といわれているように、人はそれぞれ違った個性を持っている。このような、個人の能力・適性、性格、興味、価値観などの諸特性を理解する方法には、観察法、面接法、検査法などがある。

1．観察法

　「あの人はどんな人ですか」と尋ねられると、「誠実な人です」とか「おとなしい人です」など、その人の特徴を話したりする。それは多くの場合、日常的な行動を観察することによって得られた情報である。その観察法は、大きく次のような方法に分けることができる。

　①　自 然 観 察 法：人為的な操作を加えないで自然な事態の中で行動を観察する方法。
　②　用 具 観 察 法：検査や調査を用いて観察したり記録したりする方法。
　③　実験的観察法：対象とする行動が生じるような環境を設定し、その中で起こる対象行動を観察する。環境要因の操作により行動への影響要因を明らかにすることができる。

　自己理解は自分の特徴に気づくことであるが、他人から観察してもらうことにより、"気づかなかった自分"に気づくことができる。そのためには、多面的、客観的な観察が必要である。以下に、観察者の留意すべき事柄をあげておく。

　①　みかけや事前の情報により、影響を受けて判断してしまう（ハロー効果）。
　②　より肯定的に行動をみてしまう（寛容効果）。
　③　ある特徴があると、この特徴もあると判断してしまう（包装効果）。
　④　先入観やステレオタイプでみない。
　⑤　できるだけ科学的、論理的に観察し、記録する。

2．面接法

　初対面でもその人の特徴を知らなければならないことがある。長期間の観察

ができないときは、面接法がよく用いられる。面談の中で相手を観察して、その人の特徴をとらえる。

　面談以外にも、グループでディスカッションをさせるなど、特定の場面を設定し、そこでの行動を観察してチェックリストなどで評価するのが場面設定法である。

3．検査法

　客観的に性格を理解する方法として考えられたのが検査法である。能力的側面を評価する検査は20世紀初頭から数多く開発されてきた。ビネーテスト以来、与えられた課題をいかに正確に速く解決していくかを測定するのが能力検査である。パーソナリティ検査は「典型行動検査」と呼ばれ、類型化された典型行動との一致点をみる方法がとられ、質問紙法、作業検査法、投影法などがある。

（1）質問紙法

　ある人が短気な性格かどうかを知りたいとき、一番簡単な方法は「あなたは気が短いですか」と本人に尋ねることである。もしその人が「はい」と答えれば「短気な性格」と判断し「いいえ」と答えれば「短気ではない性格」と判断するのである。質問紙法は基本的にはこのような考え方から成り立っている。もちろん１問だけでは信頼性が低いので、実際の検査では「おこりっぽいほうですか」とか「気が長いほうですか」など、いろいろな聞き方の多くの質問を作り尺度化している。この方法は実施が簡単で結果もわかりやすいので、多くの質問紙法が開発され利用されている。

　質問紙法の弱点は、受検者の恣意によっては反応が大きく歪むことである。反応の歪みを少なくしたり、補正する方法が工夫されてはいるが、恣意に対する根本的な対策はない。また、質問紙法は本人が内省して答えるため、どうしても表面的になり、自分でも意識していない心の奥深い部分は知ることができない。

（2）作業検査法

　直接、性格特性を質問するのではなく、受検者に何か作業を行わせ、その結果から性格を理解しようとするのが作業検査法である。この方法は受検者の恣意が入りにくいため、教育・産業・臨床等で多く利用されている。クレペリン

検査は連続加算という作業をするが、集中力や粘り強さなど、作業に関わる性格を測定しようとしているのである。そのため、このような検査は作業性格検査ともいわれる。作業検査法の弱点は、検査で測定できる性格特性の範囲が狭いことである。

（3）投影法

　人間のパーソナリティをより統合的・全体的に、また、自分でも意識していない深いところまでとらえようとして考えられたのが投影法である。この方法は、曖昧で多義的な刺激に対する反応から、受検者の心の中をうかがい知ろうとするのが特徴である。どのようにでも解釈できそうなインクのしみをみせて、何にみえるかを尋ねるロールシャッハ・テストなどが代表的なものである。臨床場面で利用され効果をあげているが、実施、解釈には高度な専門知識が必要であり、十分な教育訓練を受けた臨床家が取り扱うべき検査である。

チャレンジ自己分析

1. キャリア・タイプ

　このチェック表は仕事に対するコンピタンス（成功の資質）、動機、価値観などの傾向について、自分の考えを深めるためのものである。35項目について自分がどの程度当てはまるか評価規準に合わせて判定してみよう。

そう思う ——————— 4		あまりそう思わない ——— 1	
少しそう思う ——————— 3		そう思わない ——————— 0	
どちらともいえない ——— 2			

作業1　　□の中に0〜4の自己評価を行う。

□ Q1. こだわりのある領域や専門分野を深く追求していきたい

□ Q2. 気楽な仕事よりも、高い目標や困難な課題に挑戦する働き方がいい

□ Q3. ボランティアや社会福祉のように、世の中や人の助けになれる働き方がいい

□ Q4. 特定分野に限るのではなく、全体を統括するような働き方がいい

□ Q5. 独創性や創造性を発揮できるような働き方がいい

□ Q6. 雇用や収入面での心配がない安定した働き方がいい

□ Q7. 私生活と仕事とのバランスをうまくとりたい

□ Q8. 専門性を磨いて、その分野の専門家として活躍したい

□ Q9. 誰もやったことのないことをやり遂げたり、困難な課題に挑戦したい

□ Q10. 社会や世の中の人々に役に立つ仕事をしたい

□ Q11. 組織を統率したり、責任者としてリーダーシップを発揮したい

□ Q12. 事業や新商品を開発したり、新たな発想でビジネスを行う

☐ Q 13. 安定した会社に長く勤めて、あまり大きな変化のない職業人生を歩みたい

☐ Q 14. 組織や仕事だけでなく、自分のライフスタイルも重視したい

☐ Q 15. 専門性を高めるためには、厳しい訓練や勉強を続けてもいい

☐ Q 16. 平凡な結果を残すくらいなら、困難な課題に挑戦したい

☐ Q 17. 経済的成功や出世よりも、世の中の人のために貢献したい

☐ Q 18. 組織の経営者になるためなら、重い責任や多くの試練があってもいい

☐ Q 19. アイデアや企画の仕事であれば、プレッシャーや苦労があってもいい

☐ Q 20. 経済的に安定した仕事ならば、気の進まない仕事でも我慢する

☐ Q 21. 自分のライフスタイルを守るためなら、つらい仕事でもいい

☐ Q 22. 活躍できそうな得意領域や専門知識を持っている

☐ Q 23. 困難な仕事ほどやりがいを感じ、率先して取り組める

☐ Q 24. 社会貢献になる仕事であれば、地位やお金に関係なく取り組める

☐ Q 25. まとめたり、決断をするなどのリーダーシップを発揮できる

☐ Q 26. 新しいアイデアを生み出し、具体化していく自信がある

☐ Q 27. 仕事が地味なものでも、あまり不満を持たずに取り組める

☐ Q 28. 私生活と仕事との調和をうまく図った社会生活を送る自信がある

☐ Q 29. 自分の専門性を生かせない仕事なら続けられない

☐ Q 30. 目標や課題に挑戦できる役割から外されるなら転職を考える

☐ Q 31. ボランティアや社会貢献活動を重視しない会社には勤めたくない

☐ Q 32. 出世コースから外れるなら、転職を考える

☐ Q 33. 自分自身のアイデアや創造性を発揮できないなら転職を考える

□ Q34. 安定した収入の見通しが立たないような会社には勤めたくない

□ Q35. 個人の私生活への配慮に欠けるような会社には勤めたくない

分野	A専門	B挑戦	C奉仕	D経営	E企画	F安定	G家庭
項目評価点	Q 1	2	3	4	5	6	7
	Q 8	9	10	11	12	13	14
	Q15	16	17	18	19	20	21
	Q22	23	24	25	26	27	28
	Q29	30	31	32	33	34	35
合計							
順位							

```
20
18
16
14
12
10
 8
 6
 4
 2
```

作業2　集計表に得点を転記する。

作業3　7分野ごとに合計得点を算出する。

作業4　得点の高い順に1位から7位まで順位をつける。

作業5　グラフにポイントを打ち、線でつないで折れ線グラフを作る。

キャリアの傾向について分析してみよう。

■キャリア・タイプの解説

	キャリア・タイプ	解　説
A	専門職タイプ	仕事や役割における技術や能力的な内容に強い関心を持ち、専門性を磨き、好きな領域の仕事を掘り下げていくことにやりがいを感じる。
B	挑　戦　タ　イ　プ	より困難な目標に挑戦することに大きな価値を見出す。この力が仕事に向けられると大きな成果をあげる。
C	奉　仕　タ　イ　プ	自分のことより他者に奉仕・貢献することを重視している。世のため人のために役に立つ仕事をしたいと思っている。
D	経　営　タ　イ　プ	管理責任のある地位や能力に強い関心を持っている。リーダーシップを発揮することにやりがいを感じる。
E	企　画　タ　イ　プ	自分で何かを作ったり、企画することに強い関心を持っている。新たな発想やアイデアを生かすことにやりがいを感じる。
F	安　定　タ　イ　プ	自分の人生を長期的な安定と適切な報酬、そして保障された仕事を総合して考えている。冒険を好まない反面、堅実である。
G	家　庭　タ　イ　プ	自分自身の生活を非常に大切にしている。自分の生活のスタイルに合わないような仕事や職場を苦痛に感じる。

2. 長所発見ワーク（自己イメージチェック）

　次の言葉で自分に当てはまる態度や能力、資質の場合は○、当てはまらない場合は×、どちらともいえない場合は△を書きなさい。

☐ 活発	☐ 熱心	☐ 根気強い
☐ 明朗	☐ 呑み込みが早い	☐ 洗練された
☐ 社交的	☐ 献身的	☐ 積極的
☐ 大胆	☐ 創造的	☐ 開発的
☐ 素直	☐ 粘り強い	☐ 優しい
☐ 柔軟	☐ 感情的	☐ 専門的
☐ 冷静	☐ 負けず嫌い	☐ 器用
☐ 謙虚	☐ ユーモアがある	☐ 共感的
☐ 緻密	☐ 理性的	☐ 調整力
☐ 誠実	☐ 勘が鋭い	☐ 管理能力
☐ 探究心	☐ 真面目	☐ 経営力
☐ 独創的	☐ 如才ない	☐ 的確な指示
☐ 勤勉	☐ 堅実	☐ 監督能力
☐ 几帳面	☐ 分析的	☐ 自主的
☐ 慎重	☐ 革新的	☐ 能動的
☐ 傾聴姿勢	☐ 挑戦的	☐ 組織的
☐ 視野が広い	☐ 偏見がない	☐ 実行力
☐ 感受性豊か	☐ 有能	☐ 指導的
☐ 面倒見がよい	☐ 親切	☐ 情熱的
☐ 人付き合いがよい	☐ 洞察力	☐ 改善力
☐ 忍耐強い	☐ 効率的	☐ 拡張
☐ 思いやりがある	☐ 見識がある	☐ 達成力
☐ 一所懸命	☐ 経験豊か	☐「　　　」
☐ 精力的	☐ 生産的	☐「　　　」

自己イメージのチェック項目を参考にしながら、**私は、**に続いて自分の長所について書いてみよう。

1. 私は、_____

2. 私は、_____

3. 私は、_____

4. 私は、_____

5. 私は、_____

6. 私は、_____

7. 私は、_____

8. 私は、_____

9. 私は、_____

10. 私は、_____

私についてまとめてみよう。どんな人？

3. 短所置き換えワーク

私は、に続いて自分の短所と思っていることについて書いてみよう。

1．私は、

2．私は、

3．私は、

4．私は、

5．私は、

短所を長所の言葉で置き換えてみよう。

1．私は、

2．私は、

3．私は、

4．私は、

5．私は、

自分の短所について改めて考えてみよう。

4. 自己との対話ワーク

1. あなたについての質問に答えなさい。

（1）あなたの得意な科目や領域は何ですか？	理由
（2）あなたの好きなことは何ですか？	理由
（3）あなたの仲の良い友達の良いところは何ですか？	理由
（4）あなたが大事にしたいと思っていることは何ですか？	理由
（5）将来目指しているものは何ですか？	どうしたらいいと思いますか？
（6）将来生かしていきたい自分の特徴は何ですか？	どのように伸ばしていきますか？
（7）小さな頃の夢は何でしたか？	なぜそうだったのでしょう？
（8）今不安に思うことは何ですか？	どうしたらいいと思いますか？

2. あなたはどんな人ですか？　第三者の立場から自分を評価してみよう。

5. これからの自分ワーク

これからの自分について今の考えをまとめてみよう。

（1）これからも伸ばしていきたい、自分の個性は？

（2）自分の個性を生かしていける職業をいくつかあげてみよう。

（3）どんな資格や技術を身につけていきたいか。

（4）人生でどのようなステップアップを考えるか。

（5）人生の中であなたが大切にしていきたいと思う事柄は何か。

6. ジョハリの窓

　心理学者ジョセフ・ルフト（Joseph Luft）とハリー・インガム（Harry Ingham）が発表した「対人関係における気づきのグラフモデル」のことを2人の名前をとって「ジョハリの窓」と呼ぶようになった（図2-3）。

　自己には、「公開された自己」（open self）、「隠された自己」（hidden self）があるとともに、「自分は気がついていないものの、他人からは見られている自己」（blind self）もあるし、「誰からもまだ知られていない自己」（unknown self）があると考えられる。

　これらを格子のように図示し、格子をその四角の枠に固定されていないものとして、格子のみ移動しながら考えると、誰からもまだ知られていない自己が小さくなれば、それはフィードバックされているということであるし、公開された自己が大きくなれば、それは自己開示が進んでいるととることができる。

自分にわかっている　自分にわかっていない

	I	II
他人にわかっている	**開放の窓** 「公開された自己」 (open self)	**盲点の窓** 「自分は気がついていないものの、他人からは見られている自己」 (blind self)
他人にわかっていない	III **秘密の窓** 「隠された自己」 (hidden self)	IV **未知の窓** 「誰からもまだ知られていない自己」 (unknown self)

図2-3　ジョハリの窓

（1）ジョハリの窓による自己評価（次頁参照）

　① 「自己評価」の欄で自分に合っていると思う項目に○をつける。
　② 友人などからあなたに合っていると思う項目に○をつけてもらう。
　③ ジョハリの窓に該当する項目番号を書き入れる。

項　目	自分	友人
	自己評価	（　　　）
①　人前で上手に話す		
②　相手の話をよく聞く		
③　元気がいい		
④　約束を守る		
⑤　まわりに優しい		
⑥　他人に親切にする		
⑦　社交性がある		
⑧　リーダーシップがある		
⑨　論理的に考える		
⑩　真面目な勉強家		
⑪　地道に努力する		
⑫　説得力がある		
⑬　アイデアがよく出る		
⑭　思いやりがある		
⑮　何事にも意欲的に取り組む		
⑯　まわりに気配りをする		
⑰　実行力がある		
⑱　熱中しやすい		
⑲　きめ細かい		
⑳　まわりと協調的		

開放の窓 （自分と友人の共通の○項目）	盲点の窓 （友人だけの○項目）
秘密の窓 （自分だけの○項目）	未知の窓

友人と自分の違いや共通項目から、自分について考えてみよう。

■参考文献

「キャリア・カウンセリング」木村周、雇用問題研究会、1997

「キャリアの心理学」渡辺三枝子編、ナカニシヤ出版、2003

「キャリア・アンカー」エドガーH．シャイン著、金井壽宏訳、白桃書房、2003

「職業選択の理論」 J．L．ホランド著、渡辺三枝子、松本純平、舘暁夫共訳、雇用問題研究会、1990

第3章
適性とキャリア選択

● ねらい ●

　働くことは社会の一員としての役割を果たしていくことであり、自分の個性を発揮する場でもある。興味が持てる仕事であったり、自分の得意な技能や知識が仕事の中で生かせるとしたら、働くことが生きがいややりがいにつながっていく。だから自分と仕事の相性は大切であり、この相性が適性である。つまり、計算が速いとか、人の対応が上手といった職業に必要とされている要因と、個人の持っている特性を一致させていくことが適性である。

　本章では、この適性を調べるための検査について解説し、検査結果から自分の職業適性についての理解を深め、自分にとって喜びややりがいを感じられる仕事を選ぶことができるようにする。

適性の考え方と職業適性

　職業適性には、仕事がどの程度うまくできるか、職務遂行に必要な技術や知識を持っているか、または、それらを獲得するための基礎的な能力を持っているかといった「能力的適性」が狭い意味での適性と呼ばれている。それ以外にも仕事の内容が好きか嫌いか、自分の性格に合っているか、やりたいと思う仕事か、といったパーソナリティ面に表れる「態度的適性」などがある。働くことへの動機や価値観、興味傾向などの内的な価値意識が職業選択への大きな意志決定要因となっている。

　職業適性検査は、これらの適性をそれぞれ測定し、個性に合わせた職業選択が可能となるように活用されている。厚生労働省編一般職業適性検査（GATB）は、能力的側面のうちの基礎的な能力特性として、今はできなくても、学習や訓練によってできるようになるだろうという可能性や潜在的能力をみている。

　パーソナリティ側面からみた職業適性では、職業レディネス・テスト（VRT）やVPI職業興味検査のような、作業や職業に対する興味・関心の傾向を類型化した職業興味検査がある。また、集中力や持続力、手際が良いなどの作業の仕方から、作業を実施する上での性格特性の判定をするクレペリン作業性格検査は、採用選考でも多く使われている検査である。最近では、自己理解を深め、職業情報を探索し、職業選択についての意思決定を自らの力で行えるように総合的に支援するキャリア・インサイトなどが、パソコンを使ったツールとして開発され活用されている。

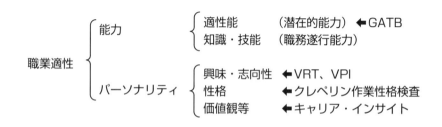

図３－１　職業適性と適性検査

厚生労働省編一般職業適性検査（GATB）の考え方と見方

1. 厚生労働省編一般職業適性検査（GATB）のねらい

　厚生労働省編一般職業適性検査（GATB）は、アメリカ合衆国労働省によって開発されたGeneral Aptitude Test Battery（GATB）を基に日本で昭和27年に開発され、若年者の職業指導・進路指導のための検査として広く活用されてきた。

　GATBは、職業適性に対する理解を深めるとともに職業への理解も深め、個人の職業的発達を促進することで、単に目前に迫った職業の選択決定のための利用にとどまらず、将来の職業の探索を行う場合にも有効に活用することができる。

　GATBは、一般的な職業分野において職務を遂行する上で必要とされる基礎的な能力（適性能）の9種類を測定することにより、能力面からみた個人の理解や個人の適職領域を探索し、個性を生かした職業選択を行うための情報提供をねらいとしている。適用範囲としては、中学2年生から45歳未満の者を対象とし、中学校・高等学校の生徒や専門学校、短期大学、大学等の学生に対する進路指導および公共職業安定所、職業相談機関等における求職者や来談者に対する職業相談・職業指導のために用いることができる。

2. GATBの構成および内容

（1）下位検査の構成

　本検査は15種の下位検査からなる。このうち11種は紙筆検査、4種は器具検査である。その内容は次のとおりである。

　①　紙筆検査

　　検査1　円打点検査（○の中に点を打つ検査）

　　検査2　記号記入検査（記号＋を記入する検査）

　　検査3　形態照合検査（形と大きさの同じ図形を探し出す検査）

　　検査4　名詞比較検査（文字・数字の違いを見つける検査）

　　検査5　図柄照合検査（同じ図柄を見つけ出す検査）

検査6　平面図判断検査（置き方を変えた図形を見つけ出す検査）

検査7　計算検査（加減乗除の計算を行う検査）

検査8　語意検査（同意語または反意語を見つけ出す検査）

検査9　立体図判断検査（展開図で表された立体形を探し出す検査）

検査10　文章完成検査（文章を完成する検査）

検査11　算数応用検査（応用問題を解く検査）

② 器具検査

器具検査1　さし込み検査（棒（ペグ）をさし込む検査）

器具検査2　さし替え検査（棒（ペグ）を上下逆にさし替える検査）

器具検査3　組み合わせ検査（丸びょうと座金を組み合わせる検査）

器具検査4　分解検査（丸びょうと座金を分解する検査）

　なお、器具検査1、2は手腕作業検査盤（ペグ・ボード）を、器具検査3、4は指先器用検査盤（エフ・ディー・ボード）を用いる。

（2）測定される適性能

　9種の適性能は、次のように解釈される。

　G－知 的 能 力：一般的学習能力。説明、教示や諸原理を理解する能力。推
　　　　　　　　　　理し、判断する能力。

　V－言 語 能 力：言語の意味およびそれに関連した概念を理解し、それを有
　　　　　　　　　　効に使いこなす能力。言語相互の関係および文章や句の意
　　　　　　　　　　味を理解する能力。

　N－数 理 能 力：計算を正確に速く行うとともに、応用問題を推理し、解く
　　　　　　　　　　能力。

　Q－書記的知覚：ことばや印刷物、伝票類を細部まで正しく知覚する能力。
　　　　　　　　　　文字や数字を直観的に比較弁別し、違いをみつけ、あるい
　　　　　　　　　　は校正する能力。文字や数字に限らず、対象を素早く知覚
　　　　　　　　　　する能力。

　S－空間判断力：立体形を理解したり、平面図から立体形を想像したり、考
　　　　　　　　　　えたりする能力。物体間の位置関係とその変化を正しく理
　　　　　　　　　　解する能力。青写真を読んだり、幾何学の問題を解いたり
　　　　　　　　　　する能力。

　P－形 態 知 覚：実物あるいは図解されたものを細部まで正しく知覚する能

力。図形を見比べて、その形や陰影、線の太さや長さなど
の細かい差異を弁別する能力。

K－運動共応：眼と手または指を共応させて、迅速かつ正確に作業を遂行
する能力。眼で見ながら、手の迅速な運動を正しくコント
ロールする能力。

F－指先の器用さ：速く、しかも正確に指を動かし、小さいものを巧みに取
り扱う能力。

M－手腕の器用さ：手腕を思うままに巧みに動かす能力。物を取り上げたり、
置いたり、持ち替えたり、裏返したりするなどの手腕や
手首を巧みに動かす能力。

（3）下位検査と適性能との関係

各下位検査と測定する適性能との関係は、次のとおりである。

知的能力（G）…………検査9と検査10
と検査11

言語能力（V）…………検査8と検査10

数理能力（N）…………検査7と検査11

書記的知覚（Q）………検査4

空間判断力（S）………検査6と検査9

形態知覚（P）…………検査3と検査5

運動共応（K）…………検査1と検査2

指先の器用さ（F）……器具検査3と
器具検査4

手腕の器用さ（M）……器具検査1と
器具検査2

図3－2

（4）職業（探索）領域と適性職業群

職業に対する興味類型を考慮して設定された13の職業（探索）領域に、40の
適性職業群を位置づけている。

この適性職業群は、個人の適性能の特徴と職業の世界とを結びつけるものと
して、それぞれの職業（探索）領域に含まれる職業を、その仕事を遂行する上で
必要とされる適性能の種類と水準との類似性に基づいて分類したものである。

第3章　適性とキャリア選択

（5）検査の方式

下位検査はすべて、定められた時間内にできるだけ数多くの問題を処理する時間制限法による最大能力を測定する検査であり、集団検査としても、個別検査としても実施できる。

（6）検査の実施時期

本検査は、将来の職業について考え始める頃、自分の能力的な特性に合った職業群の理解や探索を必要とするときに実施するものである。時期としては短大や専門学校では1学年後期、大学では2学年後期頃が適当である。職業レディネス・テストなどのパーソナリティ検査を先に実施してから本検査を実施することが望ましい。

3．実施の手順
（1）検査の実施

検査用紙と実施用CDを用意し、CDの解説と号令に従って11種類の下位検査を実施する。器具検査を実施する場合は、4種類の下位検査を実施する。

（2）「自己採点用紙」を使って採点

「自己採点用紙1」の手順に従って、記載事項を記入し終わったら、検査用紙から回答を転記する。「自己採点用紙2」を使って採点し、「結果記録票」に粗点を転記したあと、換算点を転記して適性能得点を算出する。

（3）適職群を選び出す

「結果の見方・生かし方」を使って、プロフィールを作成して自己分析し、ワークシートの手順に従って適職群を選び出す。

4．ワークシートの概要

GATBの判定については、自己採点による自己判定が可能である。自分で検査結果を採点し、ワークシートによってプロフィールを作成し判定したり、自らの職業適性について理解することが有効である。

ワークシートによる学習の流れは、表紙の「職業適性を知ろう」を読むことで職業適性についての理解を深め、WORK 1「プロフィールを作成しよう」で、

結果記録票を使って自分の適性能プロフィールを折れ線グラフで作成し、適性能の高い得点から順位をつける。

　WORK 2「自分の適性能を知ろう」では、適性能プロフィールの特徴を理解するとともに、職業を通して発揮しやすい自らの個性としての高い適性能について記述できるようにする。

　WORK 3「適性を生かす職業を知ろう」では、適性能得点によって職業群を選び、その中から興味のある職業を探し出す。つまり、自分の得意な適性能が生かされる職業群を探索し、その中から自分の興味や関心の持てる職業を選び出す作業を行う。

　ワークシートでの作業の流れは以上であるが、職業レディネス・テストやVPI職業興味検査などの検査を実施している場合は、さらに興味検査の結果も踏まえて職業を絞り込むことができる。

　　引用・参考文献：雇用問題研究会「厚生労働省編一般職業適性検査（GATB）手引」

職業レディネス・テスト(VRT)の考え方と見方

1. 職業レディネスとは

　職業レディネス・テスト（VRT）は、中学生・高校生等の進路（職業）指導において、生徒の職業レディネスを把握することを目的として作成されたものである。現在、専門学校、短大、大学でも活用されるようになってきている。

　「レディネス」とは、準備（用意）ができていることであるが、ある発展段階での課題を解決するために必要とされる個人的な条件といえる。したがって、「職業レディネス」は、職業的発達におけるレディネスという意味であるが、「個人の根底にあって、（将来の）職業選択に影響を与える心理的な構え」と定義することができる。

　職業（進路）選択の行動は、何の構えもなしに行われるものではない。「どんな仕事でもよい」という学生もいるが、具体的な職業選択の場面に直面すると、その仕事に対する好き嫌いとか、できるかどうか等の態度を示すものである。また、選択という課題解決の仕方には、課題の認識の程度、意思決定のパターン等、個人のパーソナリティや能力の特徴からの影響も重要である。

　このように職業レディネスには、態度的側面（職業に対する志向性、職務遂行の自信度、職業選択に対する認知のパターン、職業観など）と能力的側面（職業に関する情報の取得度、選択課題解決能力、意思決定のパターンなど）が含まれると考えられる。このテストは、職業レディネスの諸側面のうち、態度的側面の基礎的志向性と職業に対する志向性（職業に対する興味と職務遂行の自信度）の2つの側面を対象としたものである。

2. テストの構成

　テストは、職業レディネスの中の職業志向性と基礎的志向性を測定するA、B、Cの3検査から構成されている。

　A検査は、職業・仕事の内容を記述した54項目の質問で構成され、各質問に対して、好みの程度をそれぞれ3段階で評定させることによって、職業興味を測定する。

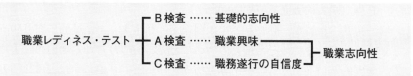

図3－3　職業レディネス・テスト（第3版）の構成

　B検査は、日常の生活行動や意識について記述した64項目からなっており、各質問に対して「あてはまる」か「あてはまらない」かを評定させることによって、基礎的志向性を測定する。

　C検査は、A検査と同一の54項目の質問で構成されているが、それらに対して自信の程度を3段階で設定させることによって、職務遂行の自信度を測定する。

3. 各検査の測定内容

　このテストでは、職業志向性と基礎的志向性とを測定の対象としているが、このテストを構成するA、B、C各検査の具体的な測定内容は以下のとおりである。

（1）　A検査とC検査の測定内容

　このテストは、A検査では職業興味を、C検査では職務遂行の自信度をそれぞれ測定しているが、両検査の結果を総合的にみることによって、職業志向性を把握することができる。

　興味および自信度をとらえる枠組みとして6つの職業領域を設定しており、これは、アメリカのジョンズ・ホプキンス大学名誉教授のホランド（John L. Holland）の職業選択理論で提唱されている6類型の考え方を取り入れたのもである（ホランドの職業選択理論については「第4節　VPI職業興味検査の考え方と見方」参照）。

■ホランドの6類型

　パーソナリティの6タイプと環境の6領域は同じものである。

① R型（現実的職業領域：Realistic）

　物、用具、機器類、動物などを、明瞭で、順序よく、系統的に取り扱うことが求められ、また、その機会の多いことで特徴づけられる環境のことである。現実的というよりも物や用具を扱うといったことからすれば実体的といえる。

　この得点の高い人は、機械や物に対する関心が強く、機械を操作したり、物を作ったりする能力に恵まれている。しかし、対人的、社会的出来事への関心は乏しく、対人接触が不得手で、それを必要とする仕事を好まない傾向がある。

【関連職業領域】

　動植物管理の職業、工学関係の職業、熟練技能の職業、機械管理の職業、手工芸技能の職業、機械・装置運転の職業、生産技術関係の職業

② I型（研究的職業領域：Investigative）

　観察と記号を操作した体系的で、創造的な調査研究を、物理学、生物学的現象または、文化的現象について行うことが求められ、また、その機会が多いことで特徴づけられる環境のことで、記号をみたり、理屈を考えたりする職業領域のこと。

　この得点の高い人は、抽象概念や論理的思考に強い関心を持ち、合理的で几帳面であると同時に内向的である。また、物事を数理的に処理し、論理的に考え、解釈する能力に恵まれ、知的にも教育的にも要求水準が高い。しかし、指導性や統率力はあまりなく、物事を1人で成し遂げることを好み、グループでの活動を好まない。科学や芸術に対して高い価値を置く反面、社会的、経済的あるいは政治的問題に対してはあまり関心を持たない傾向がある。

【関連職業領域】

　動物・植物・生理学関係の職業、物理科学関係の職業、社会調査研究関係の職業、生産工学関係の職業、数理・統計学関係の職業、医学関係の職業、情報処理関係の職業

③ A型（芸術的職業領域：Artistic）

　曖昧で、自由な系統立っていない活動と芸術的形式や作品を創り出す才能を持つことが求められ、また、その機会の多いことで特徴づけられる環境の

こと。

　この得点の高い人は、音楽、美術、文学などに強い関心を示し、繊細で感受性が強く、独創性や想像力に恵まれている。また、型にはまるのを嫌い、規則や習慣を重視せず、自分の感性や独自性を大切にする。しかし、内向的で、自分や他者の感情に敏感なため、衝動的になりやすく、不安感が強くなる傾向がある。

【関連職業領域】

　美術・彫刻・工芸関係の職業、舞踊関係の職業、文芸関係の職業、音楽関係の職業、演劇・演出関係の職業、デザイン・イラスト関係の職業

④　S型（社会的職業領域：Social）

　情報提供、訓練、発達、治療、啓蒙のために、他人を扱うことが求められ、また、その機会の多いことで特徴づけられる環境のことで、対人的仕事、人を相手にする仕事のこと。

　この得点の高い人は、人に教えたり、援助したり、人と一緒に活動するのを好み、責任感が強く、他者に対する洞察力に富み、人に対し親切かつ寛大である。また、さまざまな人と良好な人間関係を作ることができ、人の気持ちを理解し、敏感に反応することができるといった傾向がある。

【関連職業領域】

　社会奉仕の職業、医療保健関係の職業、各種の対個人サービスの職業、学校教育・社会教育関係の職業、販売関係の職業

⑤　E型（企業的職業領域：Enterprising）

　組織等の目標を達成する目的で、他人を扱うことが求められ、または、その機会が多いことで特徴づけられる環境のことで、イベントを企画したり、放送局で番組を作ったり、学内で学園祭を企画したりといったように、目標に向かって、手配したり、準備したり、計画したり、人と交渉・折衝したりして、目標に向かって達成していくという環境のこと。

　この得点の高い人は、新しい事業や計画を企画したり、組織作りをしたり、組織を動かすなどの活動を好み、権力や地位を重視する。また、指導力、説得力、表現力に恵まれ、積極的で社交性に富み、他人に従うよりも、自らリーダーシップを発揮して、新しい仕事を開拓していくことを好む傾向がある。

【関連職業領域】

経営管理関係の職業、広報・宣伝関係の職業、営業関係の職業、管理的事務関係の職業、財務関係の職業、報道関係の職業

⑥　C型（慣習的職業領域：Conventional）

明確に、順序だった、体系的なデータの処理、たとえば、記録の保存、資料のファイリング、コピー、あらかじめ決められている計画に従って文書にまとめたり、数値データにまとめたりすること。OA機器、コンピュータの操作などが求められ、その機会の多いことで特徴づけられる環境のことで、慣習的というよりも、あらかじめ決められていることをきちんとそのとおりに行うといった内容からすれば、定式的という意味である。

この得点の高い人は、反復的な事務的色彩の濃い活動などを好み、規則や習慣を重んじ、さまざまな状況に対しても順応的、協調的であり、几帳面で、ねばり強く、自制心に富んでいる。また、人との和を重んじ、属する集団を１つにまとめることを重視し、人々の間に葛藤や混乱を起こさないように行動する。

自発的、創造的に行動したり、自己主張をして自分がリーダーシップをとるよりも、権威者の指示に従うことを好む傾向がある。

【関連職業領域】

経理事務関係の職業、警備・巡視の職業、一般事務の職業、文書整理・保管の職業、法務関係の職業、編集・校正関係の職業

（2）　B検査の測定内容

B検査では、個人の職業選択行動と密接な関連を持つと仮定される基礎的志向性を測定する。それらは、その対象の性質によって分けられた次の３つの方向性である。

①　D志向（対情報関係志向：Data Orientation）

各種の知識、情報、概念などを取り扱うことに対して、個人の諸特性が方向づけられていることを示す。すなわち、言葉、数字、記号等で物事を表現したり、それらを取り扱う仕事や活動、たとえば、記号の比較照合、文書作成、計算、整理分析、判断解釈等の作業を含む仕事や活動への志向性である。

D志向の下位尺度

・D1（情報を集める）

　たくさんの情報を集めたいという気持ちが強いことを示す。

・D2（好奇心を満たす）

　世の中や社会のしくみに対して好奇心が旺盛で、知りたい気持ちが強いことを示す。

・D3（情報を活用する）

　集めた情報をきちんと整理し、順序立てて管理し、論理的に活用したい気持ちが強いことを示す。

【関連職業領域】

　創作的な著述・音楽関係の職業、研究調査関係の職業、生産工学関係の職業、翻訳・編集関係の職業、計算・経理関係の職業、文書整理・管理関係の職業

②　P志向（対人関係志向：People Orientation）

　主として人に直接関わっていくような活動に対して、個人の諸特性が方向づけられていることを示す。すなわち、人と交渉したり、援助したりする仕事や活動、たとえば、奉仕、教授、指示、説得、相談、助言、情報の伝達・交換、監督、交渉等を含む仕事や活動に対する志向である。

P志向の下位尺度

・P1（自分を表現する）

　人前できちんと意見を述べ、自己表現を行いたいという気持ちが強いことを示す。

・P2（みんなと行動する）

　一人で過ごすよりたくさんの人と一緒に行動したいという気持ちが強いことを示す。

・P3（人の役に立つ）

　人の気持ちに敏感で、他人の援助をしたいという気持ちが強いことを示す。

【関連職業領域】

　販売関係の職業、看護・医療関係の職業、福祉関係の職業、教育関係の職業、対人サービス関係の職業、法律関係の職業

③　Ｔ志向（対物関係志向：Thing Orientation）

　直接、機械や道具、装置などのいわゆる物を取り扱うことに対して、個人の諸特性が方向づけられていることを示す。すなわち、自分の手でものを作ったり、機械や道具を操作したり調整したりする仕事や活動、たとえば、生産作業、運転操作、制御、監視、調整等を含む仕事や活動に対する志向性である。

Ｔ志向の下位尺度

　・Ｔ１（物を作る）

　　道具や機械を使うような物作りを好む気持ちが強いことを示す。

　・Ｔ２（自然に親しむ）

　　自然の環境の中で動植物を観察したり、身体を動かすことを好む気持ちが強いことを示す。

【関連職業領域】

　手工芸関係の職業、機械・装置運転関係の職業、生産技術関係の職業、芸術作品創作関係の職業、動植物関係の職業

4. テストの結果の解釈

（1）得点の意味

　この検査では、標準得点としてパーセンタイル順位を用いている。パーセンタイル順位とは、個人の尺度ごとの得点が、基準集団の中で、どのあたりに位置づけられるかを明らかにすることによって、個人の特徴を表示しようとするものである。たとえば100人の得点を並べた場合、個人の各得点が、低いほうから数えて100人中何番目にあたるかという順位を示すものである。

パーセンタイル順位	解釈上の意味
85以上	興味、志向性、自信が強い
16 ～ 84	興味、志向性、自信が普通
15以下	興味、志向性、自信が弱い

（2）結果の解釈

1）結果解釈の一般的な留意点

① 得点は、測定上の誤差も考慮して、「強い」「普通」「弱い」の３段階で解釈すること。

② プロフィール全体の形状の特徴をみること。その際、得点が高いことが望ましいわけではない。プロフィールに山と谷がはっきりしていることがポイントである。山と谷があるということは、興味や志向性が分化していることを意味しており、それだけ職業への準備性ができていると解される。このような解釈は、進路選択への態度が明確化し、自己理解が進めば進むほど、興味や志向性、職務遂行の自信度は分化するという仮定に基づいている。

③ このテストの結果から直ちに適職判定をすることはできない。

④ 結果の解釈を通して、職業情報の探索や進路選択への関心を高めること。

⑤ 検査結果で選択すべき進路を決定するのではなく、自分なりに結果について考え、選択の可能性を広げるようにすることが必要である。

2）プロフィールの解釈の一般的なステップ

a．A検査とC検査のプロフィールを使って、まずA検査とC検査それぞれの結果から、自分にとって特徴といえる興味あるいは自信度の強い領域と弱い領域を探し出す。

■解釈の手順

① 標準得点が85パーセンタイル以上の職業領域を選び出す。85と15は基準集団の中で、受検者個人の興味や自信の程度が標準より強いか弱いかを判断するときの１つの目安である。これに該当する領域がない場合は、84パーセンタイル以下で、相対的に高い領域と低い領域を選ぶ。

高得点は、その領域に対する個人の興味あるいは自信度が、中学生・高校生一般のそれらと比べて強いことを意味し、低得点は、その領域に対する個人の興味あるいは自信度が、中学生・高校生一般のそれらと比べて弱いことを意味する。

② 選び出されたそれぞれの領域について、その意味、関連する職業を調べる。85以上のものが２つ以上ある場合には、それぞれについて内容を調べる。

③　得点の値に関係なく、プロフィールの中での最高得点の領域、および２、
　　３番目に高い領域に注目したりプロフィール上での接近の程度を考慮し
　　て、個人の特徴をより鮮明にとらえる。たとえば、Ａ検査でＲ領域が特別
　　高く、その他の領域の得点が低い場合は、興味の型は典型的なＲ型として
　　解釈する。また、たとえば、Ｃ検査でＳ領域とＩ領域が同じくらいの高さ
　　の場合は、職務遂行の自信の型は、ＳＩ型ととらえて、両方の領域の解説
　　を参照しながら解釈するなどである。
ｂ．Ａ検査とＣ検査の関係に注目し、個人の特徴をとらえる。
■解釈の手順
①　職業興味と職務遂行の自信度の間のバランスのとれている領域はどこ
　　か。つまり、Ａ検査とＣ検査の得点差があまりない領域に注目する。
②　職業興味と職務遂行の自信度の間のバランスのとれていないのはどの領
　　域か。つまり、Ａ検査とＣ検査の得点差が大きい領域に注目する。
　　職業興味と職務遂行の自信との関係を、バランスがとれているかどうかと
　いう視点からながめてみることで、各領域に対する志向性の特徴がより鮮明
　になることが期待される。一般的に、ある職業領域において興味と自信との
　バランスがとれていない場合は、その領域は現実的な進路探索の対象になり
　にくいと考えられている。
ｃ．Ｂ検査のプロフィールを通して、基礎的志向性の面から個人の特徴をと
　　らえる。
■解釈の手順
①　３つの志向性のうち85パーセンタイル以上のものを選び、その内容を調
　　べる。
　　　85以上の高得点は、その志向性が、中学生・高校生一般のそれらと比べ
　　て強いことを意味する。
②　これに該当する尺度がない場合は、プロフィールの中で一番高い得点を
　　とった志向性とその内容を調べる。
③　得点の値に関係なく、プロフィール上で最高得点を得た志向性や２番目
　　の志向性に注目して、個人のおおまかな特徴をとらえるようにする。
　　いずれの場合も、高得点の志向性が２つある場合もある。たとえば、Ｐ志
　向とＴ志向が、１番と２番で、同じくらいの得点であるとしたなら、ＰＴ型
　志向ととらえて、両方の領域の解説を参照しながら解釈し、進路探索の手が

かりとする。しかし、ここで２志向性を組み合わせて類型的にとらえる目的は、あくまで大きな方向づけを得るところにある。類型それ自身を固定的にとらえたり、解釈したりしないように注意する。

ｄ．Ａ、Ｂ、Ｃ３検査の結果を総合的に解釈する。

３検査の結果を総合的に解釈するために、次のようなポイントを手がかりとすることができる。

① 標準化の基準集団においては、Ａ、Ｃ検査で測定させる６職業領域とＢ検査で測定される３基礎的志向性の間には次のような関係が見出されている。

	Ａ検査	Ｂ検査
相関係数が.40以上となった （比較的高い正の関連性がみられる）領域	Ｒ （現実的）	Ｔ （対物）
	Ｉ （研究的）	Ｔ （対物）
	Ｓ （社会的）	Ｐ （対人）

	Ｃ検査	Ｂ検査
相関係数が.40以上となった （比較的高い正の関連性がみられる）領域	Ｒ （現実的）	Ｔ （対物）
	Ｓ （社会的）	Ｐ （対人）
	Ｃ （慣習的）	Ｄ （対情報）

	Ａ検査	Ｃ検査
相関係数が.40以上となった （比較的高い正の関連性がみられる）領域	Ｒ （現実的）	Ｒ （現実的）
	Ｒ （現実的）	Ｉ （研究的）
	Ｉ （研究的）	Ｉ （研究的）
	Ｉ （研究的）	Ｒ （現実的）
	Ａ （芸術的）	Ａ （芸術的）
	Ａ （芸術的）	Ｅ （企業的）
	Ｓ （社会的）	Ｓ （社会的）
	Ｅ （企業的）	Ｅ （企業的）
	Ｅ （企業的）	Ａ （芸術的）
	Ｃ （慣習的）	Ｃ （慣習的）

② 尺度間での一致、不一致を探す。

　特に、職業興味と基礎的志向性とは一致することが予想されるが、不一致も当然ありうる。職業に対する好みや職業生活に対する考え方が基礎的志向性とは異なるもの（たとえば、価値観）を基礎としている場合には一致しないかもしれない。したがって、一致することが望ましく、不一致は望ましくないという判断は好ましくない。

一致・不一致の様子は個々の受検者の職業および職業選択に対する見方を反映しているので、その背景や原因を探るきっかけとすべきである。そして、個人が培ってきた職業に対するイメージや自分に対する見方を理解するのに役立てることができる。

　　　　引用・参考文献：雇用問題研究会「職業レディネス・テスト（第3版）手引」

●大学、短期大学、専門学校等での実施について

　本来は中学生、高校生のために作られたVRTであるが、大学等での活用が増えていることを踏まえて、結果の信頼性や結果解釈上の留意点について検討し、解説した「大学、短期大学、専門学校等での実施のためのガイドブック」が大学等向けの資料として追加された。

　また「結果の見方・生かし方」のWORK 3に掲載されている職業名に、大学生等にも参考になる職業名を追加して、職業領域（RIASEC）別に整理した「大学生等のための職業リスト」が用意され、大学等での利用がしやすくなった。

VPI職業興味検査の考え方と見方

1. VPI職業興味検査の目的

　本検査は、大学・短大・専門学校生の進路指導や就職ガイダンスのツールとして開発されたものである。検査は、160の職業に対する興味・関心の有無を回答することで、6種類の職業興味領域に対する個人の興味・関心の強さを測定するとともに、5尺度の心理的傾向について把握するものである。これらによって、個人と職業との関わりを通して自己理解を深め、望ましい職業探索や職業選択活動を促進させるための動機づけや情報提供することを目的としている。

（1）ホランドの職業選択理論

　VPIはアメリカのジョンズ・ホプキンス大学名誉教授のジョン・ホランド（John L. Holland）の職業選択理論に基づいて作られている。

■ホランド理論のアプローチ（仮説）

①　同じ職業に就いている人々は、類似したパーソナリティ特性とパーソナリティ形成史を示す者が多い。

②　人間の行動は、個人のパーソナリティとその人の住んでいる環境との相互作用の産物である。

ホランドは2つの仮説からさまざまな検証を行い、次の4つの基本想定を提唱した。

①　われわれの文化圏において、大多数の人は、現実的、研究的、芸術的、社会的、企業的、慣習的の6つのパーソナリティ・タイプのうちの1つに分類される。

②　われわれの生活する（職業）環境には、現実的、研究的、芸術的、社会的、企業的、慣習的の6つの種類がある。

③　人は、自分の持っている技能や能力が生かされ、また自分の価値観や態度を表現でき、かつ、自分の納得できる役割や課題を引き受けさせてくれるような環境を探し求めている。

④　個人の行動は、その人のパーソナリティとその人を取り巻く環境との相互作用によって決定される。

　この理論に基づいてVPI職業興味検査では、160の職業名のリストを作り、好きな仕事や関心のある仕事に○をつけさせると、Rのタイプの人は、R領域の仕事を選び、R領域の仕事を選ぶ人は、Rのタイプのパーソナリティだと判断する。いろいろな職業名のリストから選ばせると、自分のタイプに合った職業に○をつける。どんなタイプの職業名に○をつけたかを調べると、自分のタイプがわかる。自分のタイプがわかったら、自分がこれから進んでいく環境の予測ができ、進んでいく方向を定めることができる。

２．VPI職業興味検査の解釈
（１）ホランドの６類型
　「第３節　職業レディネス・テスト（VRT）の考え方と見方」参照。

（２）心理的諸傾向
　傾向尺度とは、その人なりの考え方や選択の傾向のことで、次の５つの傾向に分類してある。

①　Co尺度（自己統制傾向：Self-Control Scale）
　この尺度が高いと自己統制を必要とするような仕事や活動への関心が強く、用心深く、慎重で、衝動的に行動することは少ない。職業のリスト（VPI問題用紙）で７番、27番、37番の項目を横にみていくと（７、37は違う）、職業名に共通しているものは何だろうか。これは消防士や花火師などの危険を伴う仕事の集まりである。危険を伴う仕事に対しても面白そうだな、やってみようかなと思うかどうか。この尺度が高い人は慎重派で、低い人はリスクを考えず思い切って実行していくタイプである。このようにハイリスク・ハイリターン型か慎重型かで進路選択も変わってくるものである。この得点が高い場合には、自己統制を必要とするような仕事や活動への関心が強く、用心深く、慎重で、衝動的に行動することは少ない傾向がみられる。
　この得点が極端に高い場合、過度の自己抑制や受動的・消極的な傾向を示すことがある。

② Mf尺度（男性－女性傾向：Masculinity-Feminity Scale）

　男性でこの尺度が高いと男性的と呼ばれている仕事や活動を好み、伝統的な性役割に対する同調性が高い。女性でこの尺度が高いと伝統的な性役割にあまり関心がなく、また、とらわれず、性役割より、個性の発揮に価値を置く。Mf得点が低い人の傾向では、男性の場合は伝統的な性役割にあまり関心がなく、また、とらわれない。女性の場合では、伝統的な性役割に対する同調性が高い。

③ St尺度（地位志向傾向：Status Scale）

　この尺度が高いと社会的評価の高い仕事や活動を好み、社会的威信や地位を重視し、自信に満ち、情熱的で、社交的であり、表現力に恵まれている。この得点が高いからといって、必ずしも権威主義的傾向が強いということではない。つまり、St（ステイタス）は専門性、地位や名声、権力への関心の高さで、先生といわれる仕事や何々家と呼ばれる仕事を選んでいるわけである。

④ Inf尺度（稀有反応傾向：Infrequency Scale）

　職業に対する見方がどの程度常識にとらわれず、ユニークであるかを示す尺度である。この尺度が高いと一般に誰でも好む仕事にはあまり関心がなく、自分を取り囲む社会の一般的価値観とは異なった価値観を持つ傾向がある。また、対人的仕事や社交的活動をあまり好まない傾向があり、受検者が回答を故意に歪めようとした場合に、この得点が極端に高くなることがある。Inf得点が低い人の傾向としては、社会的評価を重視し、自分の能力やパーソナリティを肯定的に評価していて要求水準も高い傾向にある。

⑤ Ac尺度（黙従反応傾向：Acquiescence Scale）

　どのくらい多くの職業を好んだかを示す尺度であり、この尺度が高いとさまざまな種類の仕事や活動に対して、幅広い関心を持ち、自信があり、積極的で社交的である。この得点が極端に高い場合、自己理解が不足していたり、判断力や洞察力に問題がみられたりすることがある。受検者が検査結果を故意に歪めようとしたり、よく考えずに回答したり、回答法を誤ったりした場合に、この得点が極端に高くなったり、低くなったりすることがある。

（3）得点の解釈

本検査では、標準得点としてパーセンタイル順位を用いている。すなわち、個人の尺度ごとの得点が、基準集団の中で、どの辺に位置づけられるかを明らかにすることによって、個人の特徴を表示しようとするものである。つまり、個人の各粗点が、低いほうから数えて100人中何番目に当たるか、という順位を示すものである。

たとえば、ある個人の得点が60パーセンタイルであるということは、（基準集団の）60%の人はその個人の得点より低い得点であることを意味する。別の表現をするなら、96パーセンタイルだったとすれば、その個人の得点より低いほうに基準集団の96%の者が並ぶ、つまり、その個人は得点の高いほうから数えて100人中5番目に位置するほど高い得点であるということになる。

（4）プロフィールの解釈の手順

検査の実施と結果の解釈については、職業（就職）ガイダンス等の場面で、参加者（受検者）が本検査を受検し、採点して、「結果の見方・生かし方」を参考にして、それぞれ自分で結果の解釈を行う方法がある。

「結果の見方・生かし方」のワークシートの部分を用いて、次の手順で受検者自身が解釈を行う。この「結果の見方・生かし方」は、受検者が結果を誤って理解したり過剰に解釈したりしないように、配慮して作成してあり、必要最小限の解釈にとどめるようにしてある。したがって、受検者は結果についての質問や疑問がある場合には、担当者やカウンセラーに相談することが望ましい。

「結果の見方・生かし方」を使ったプロフィール解釈の手順は次のとおりである。

1）興味領域尺度のプロフィールを見て、自己の興味の特徴を理解する。

 ① 興味が強い領域をチェックする。

 ② 興味が弱い領域をチェックする。

 ③ 興味の分化度をチェックする。

 ④ 興味の構成（興味パターン）をチェックする。

 ⑤ 興味の一貫性をチェックする。

2）傾向尺度のプロフィールをみて、職業認知における自己の特徴を理解する。

 ⑥ 傾向が強い領域をチェックする。

 ⑦ 傾向が弱い領域をチェックする。

図3-4

3）検査結果から進路や職業を具体的に
　探索する。

　⑧　強い興味と関連のある職業領域
　　をチェックする。

　⑨　興味パターン・関連パターンと関
　　連のある職業例をチェックする。

4）希望職業等をホランド理論を使って
　分析する。

　⑩　希望職業等の職業コードをチェッ
　　クする。

　⑪　希望職業等の職業コードを要約
　　する。

　⑫　興味パターンと職業コードの要約との関連をチェックする。

（5）プロフィール解釈の留意点

1）興味領域のプロフィールが分化しているかどうかに注目する（③）。

2）興味領域プロフィールの中で最も強い興味領域に関連した職業領域を調べ
　る。85パーセンタイル以上を示している興味領域をみつけ、「結果の見方・
　生かし方」をみながら、どのような職業領域に自己の関心があるのかを把握
　する（⑧）。

3）15パーセンタイル以下を示している興味領域をみつけ、「結果の見方・生
　かし方」をみながら、関心のない職業興味領域がどのような領域か、それは
　なぜかを考える（②）。

4）興味領域プロフィールから興味パターンを求めるときには、プロフィール
　の形状にも留意する（③、⑤）。

5）興味領域プロフィールから求めた興味パターンを、あまり固定的にとらえ
　ることのないようにする（④）。

6）求めた興味パターンおよび関連パターンを用いて、興味領域と関連した職
　業領域のほかに、興味パターンおよび関連パターンと同じコードをもつ代表
　的な職業を探索する（⑨）。

7）85パーセンタイル以上を示している傾向尺度をみつけ、「結果の見方・生
　かし方」をみながら、自己の職業認知にはどのような傾向がみられるかを理

解する（⑥）。

8 ）15パーセンタイル以下を示している傾向尺度をみつけ、「結果の見方・生かし方」をみながら、自己の職業認知にはどのような傾向がみられるかを理解する（⑦）。

9 ）傾向尺度の解釈において、検査の結果を過剰に解釈しない（⑥、⑦）。

（6）結果の解釈の留意点

1 ）回答状況をチェックする。

① 〇印のつけてある項目がYあるいはNの一方に極端に偏っていないか。

② 〇印の数が極端に少なくないか。

③ YやNにつける〇印が、途中から極端に少なくなるなどしていないか。

④ Inf尺度（稀有反応傾向）やAc尺度（黙従反応傾向）の得点が極端に高かったり、低かったりしていないか。

2 ）原因を検討する。

① 検査に対する心理的防衛から、虚偽の回答をしていないか。

② 回答に対する判断力や内省力が不足していないか。

③ 自分の将来について現実的に考えているか。

④ 自分の就くべき職業をすでに決定していて、それ以外の職業は考えられないか、考えようとしていないか。

引用・参考文献：「VPI職業興味検査　第3版手引」

：「VPI利用者のための職業ガイド」

KN式クレペリン作業性格検査の考え方と見方

1. クレペリン検査の理論

（1）作業性格検査の考え方

　何かの作業をするとき、作業の内容や方法、使用する道具、費やす時間など
によってその結果は異なる。これら作業の諸条件を同一にしたとしても、作業
をする人が違えば、その結果はやはり少しずつ異なる。この場合、作業条件が
同一に保たれていれば、作業結果の違いは、作業する者の個性の違いと考える
ことができる。

　個性のうち、作業能率に関係する部分を特に作業性格と呼んでいる。作業性
格検査は、このような考え方を基礎に、一定の条件で実施された作業結果の個
人的差異を分析することによって、作業性格を理解しようとするものである。

　作業条件を一定に設定しておけば、結果の違いは、作業者の個性の違いとみ
て、逆に結果から作業者の個性を知ることができる。

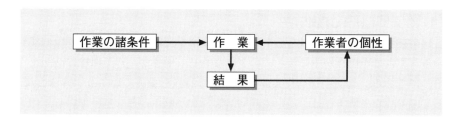

図3-5　作業性格検査の考え方

（2）作業曲線

　作業性格検査の代表的なものがクレペリン検査である。クレペリン検査は連
続加算による一定の作業を、決められた手順で、決められた時間だけ作業する
ようになっている。数字が印刷された所定の用紙を用いて、1分間作業すると
行を替えるように指示される。同じ作業を同じ時間ずつ繰り返すのである。こ
のような計算印字作業を人間が作業すると多く作業できる行と少ない行があ

り、作業の末端を結ぶ折れ線（作業曲線）は、ギザギザになる。しかもその作業曲線の様相は人によって異なっている。作業条件は常に一定であるから、作業の結果である作業曲線の違いは、作業者の個性の違いということになる。作業曲線には作業者の個性が反映されており、曲線の形状の違いによって、作業性格を知ることができると考えられている。

（3）標準曲線の特徴

標準曲線は平均作業曲線なので、凹凸が少なく滑らかであるが、個人の作業曲線は細かい凹凸がみられる。標準曲線に近い作業曲線は、次のような特徴を備えている。

① 前半部、後半部とも、1分目の作業量が最も多い。
② 後半部の平均作業量は前半部の平均作業量より多い（15〜20％程度）。
③ 曲線の動揺が適度である（平均作業量の3分の1以上の落ち込みや突出がない）。
④ 前半の10分目以降、後半の3〜5分目あたりに、少し作業量が増加する部分がある。
⑤ 誤答や脱字が多くない（1行に1個くらいまで）。

（4）作業における心理的因子

作業をしているときには、心や身体に、作業を促進したり、あるいは停滞させるさまざまな働きが生じる。このような心身の働きが、作業曲線に凸凹を作るわけである。集団の平均作業曲線が一定の特徴を備えているということは、作業中の心身の働きには、一定の傾向（因子）があることを示している。作業曲線を読み取るのは、作業における、これらの諸因子の働き具合を読み取ろうとすることである。また、因子の働き具合や方向性の特徴が、作業性格と呼ぶものである。

2．作業曲線に現れる諸因子

（1）意志緊張

作業曲線に現れる心理的因子の中で、最も目立つものは「意志緊張」である。ここでいう「意志緊張」とは、「心の張り」とでもいうべきもので、作業中にぴんと張りつめたような緊張感のことである。「頑張り、やる気」などがこれ

にあたり、この因子は作業を促進させる方向に働く。「意志緊張」は、作業開始から終了まで、全体を通じて働いており、一定の作業量を保持する役割を果たしているが、特に顕著な働き方をする場面は次のようなものがある。

① 初頭努力

「意志緊張」が最も強く働くのが、作業の最初である。作業が始まってすぐは、やる気が強く働くことが多く、これを「初頭努力」という。標準曲線の前半部、および後半部の1分目の行の作業量が目立って多いのは、この「初頭努力」によるものである。新しい作業にすぐに取りかかれるか、ぐずぐずとしてしまうかなどの作業性格が現れるといわれている。

② 終末努力

作業がもうすぐ終わるというときには、最後のひと頑張りというものがある。これを「終末努力」という。「初頭努力」ほどではないが、前半部、後半部の最後のあたりは少し盛り上がって終わることが多い。これは、用紙の状況から、作業が終わりに近づいたことがわかるため「終末努力」が働いたものと思われる。

③ 障害努力

「意志緊張」は作業の初めと終わりだけに働くわけではない。作業中に何かの障害があって作業が一時的に停滞したときに、それを取り戻そうとするように働くのが障害努力である。たとえば、検査中に鉛筆を落として、2〜3秒作業が中断したとする。するとその行は2〜3秒分作業量が減少するはずであるが、実際にはそれほど減っていないことが多い。ときには、トラブル行のほうが増加していることすらある。これらは障害努力によるもので、トラブルをカバーしようとして自然に頑張って作業したためである。

（2）興　奮

ここでいう「興奮」とは、作業中に気持ちが高揚してきて、「のってくる」とか「調子が出てくる」というような意味である。「興奮」の因子も、作業を促進する方向に働くが、作業の最初からこの因子が現れるわけではない。作業開始後しばらくしてから徐々に働き始める。作業曲線前半部のラスト5分あたりから、若干作業量の増加が見られるのは、この因子によるものである。また、この因子は、作業終了後直ちに消滅するが、作業が再開されると、また徐々に

働き始め、後半部中盤でも作業量を増加させる。前半部より後半部のほうが早く働き始める。この因子が少し強く働くと、後半部中央に盛り上がりのある、特徴的な曲線を示すことがある。これはどちらかというと、熱中しやすい凝り性な性格で、技術者や職人タイプの人に多いといわれている。

（3）慣　れ

　人間は、同じ作業を繰り返すと次第に上達する。連続加算作業においても、作業を続けるうちに、心身の機能がうまく調和してきて、円滑に作業できるようになってくる。これが「慣れ」の因子であり、作業を促進する方向に働く。「慣れ」の因子は「興奮」の因子と同じように働くが、作業終了後もすぐにはなくならず、しばらくは「慣れ」の因子の効果が保たれる。後半部の平均作業量が、前半部の平均作業量より増加するのは、3分の休憩後も「慣れ」の効果が続いており、しかもある程度疲労がとれているからである。作業量によって違うが、標準的には後半のほうが15～20％程度平均作業量が増加する。

（4）練習効果

　「慣れ」の効果がどのくらい持続するかは、作業をどのくらい繰り返したかにもよる。何度も反復するほど、「慣れ」の効果は長く続き、身についた状態となり、元には戻らなくなる。何かを上達するために反復して練習するのは、「慣れ」を固定化するためであり、これを「練習効果」という。「練習効果」は作業曲線の中というより、この検査を繰り返したときに現れる。クレペリン検査を何度も受検すると作業量が増加する。このことから、"良い結果"を期待して練習のために受検する人がいるが、作業量の多いことが"良い結果"とは限らないので、その効果は疑わしい。加算作業のような単純な作業では、「練習効果」はすぐに限界に達するので、いくら練習しても、ある程度以上は作業量が増えない。

（5）疲　労

　作業を停滞させる方向に働く因子が「疲労」である。この因子は、作業継続中は、時間がたつほど強くなり、休憩により解消あるいは軽減する。「興奮」や「慣れ」の因子が時間の経過に沿って（等差級数的に）強くなるのに対し、「疲労」の因子は、時間の経過とともに累進的に（等比級数的に）強く働くように

なるので、長時間作業すると、他の因子を圧倒してしまう。クレペリン検査は、前半、後半合わせて30分の作業を行うが、これ以上長く続けても、あとは「疲労」の因子ばかりが強く働き、作業量は減少する一方となるのである。

3. 典型的な作業曲線

（1）平均型曲線（標準曲線）

　作業に関わる諸因子が、バランスよく、標準的に働いてできた作業曲線を、標準曲線と呼ぶ。これは、一般的な集団の平均曲線でもあるので、平均型曲線と呼ぶことができる。平均型曲線が直ちに望ましい作業曲線であるとはいえないが、ほとんどの人がこのタイプの曲線か、またはこのタイプに近い曲線を示す。しかし、ときには、特定の作業因子が非常に強く働いたり、ほとんど働かなかったりして、非常に特徴的な作業曲線を示すことがある。このような典型的な作業曲線について考えてみたい。

　作業曲線を読む場合には、標準曲線とどの程度フィットしているかをみるのと同時に、このような典型的な作業曲線とフィットしていないかをみることも大切である（図3-6）。

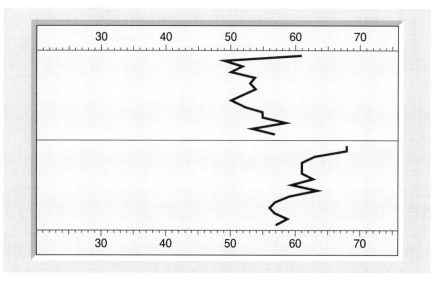

図3-6　平均型曲線の例

（2）上昇型曲線

　興奮の因子が非常に強く働くと、時間の経過とともに作業量が増加する上昇型曲線となる。頑張って作業をしているようで能率が良さそうに思えるが、後になるほど誤答が増える（興奮性誤答）など、作業ぶりは雑になってくる。これは夢中になると抑制が効かなくなる傾向があり、極端な上昇型曲線では、運転業務など危険を伴う作業は避けたほうがよい。

　また、軽い飲酒等による興奮状態でクレペリン検査を受検すると、普段は標準型曲線を示す人でも、このような上昇型曲線を示すことがある（図3-7）。

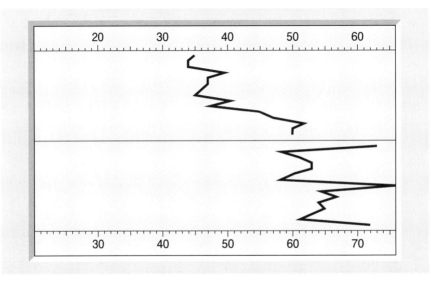

図3-7　上昇型曲線の例

（3）下降型曲線

　疲労の因子が強すぎると、時間の経過とともに作業量が著しく減少し、下降型曲線となる。標準曲線でも、ある程度右下がりの傾向にはなるが、下降型曲線では、最後の5分間あたりでの落ち込みが顕著なことが多い。極端な場合は、後半部の作業量が前半部の作業量を下回ることもある。また、曲線の中間部がU字型または逆J字型に大きく落ち込む弛緩型曲線も下降型曲線の一種と考えてもよいだろう。このような曲線の人は、疲労しやすかったり、精神的緊張が続かなかったりするため、長時間の連続作業を避けたり、適宜休憩をとるなど

の配慮が必要である。標準型曲線の人でも、不眠や極度の疲労時に受検すると下降型曲線となることがある（図3-8）。

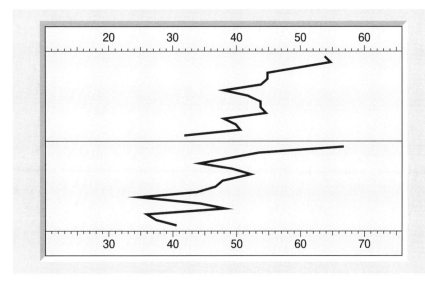

図3-8　下降型曲線の例

4．クレペリン検査の活用場面

（1）産業界での活用

　クレペリン検査は、わが国で最も多く使われている性格検査である。産業界では、集団で比較的簡単に実施できること、作為や社会的な望ましさによる歪みが少ないことなどから、採用・配置のための適性検査として用いられることが多い。特に、流れ作業による製造業務や機械装置の運転看視業務など、長時間の注意の集中を要する作業においては、各人の作業性格を把握して配置、教育等の人事管理をすることは安全、能率、品質保全のためにも重要である。クレペリン検査はこのような分野で多くの成果をあげてきた。

　しかし、クレペリン検査は集中力など作業に関わる性格特性をとらえることはできるが、たとえばリーダーシップや協調性など、対人関係に関わるような性格特性はみられない。より広い性格特性を把握したいのであれば、目的に応じて、質問紙法や観察などふさわしい方法を講じるべきである。

　クレペリン検査は安全管理の面で多く活用されている。稀ではあるが、事故

を起こしやすい素因を持っている人がいて、そういう人は危険な作業、運転作業などを避ける必要がある。鉄道や自動車の運転手、航空機パイロットをはじめ、重要な装置の運転員の選抜などにはクレペリン検査が多く用いられている。

　また、警察官、消防士など危険や高度の緊張が強いられる仕事への適性を調べるためにも、クレペリン検査は欠かせないものとなっている。ただ、事故は個人の性格特性だけが原因で起こるわけではない。教育やマニュアルの不備、システムの欠陥などさまざまな原因が関連して起こるのであるから、事故の防止には総合的な対応が必要である。特定の人間の排除だけが独り歩きしないような配慮が望まれる。

　また、事故の原因となる作業性格上の特性は、興奮性の亢進、注意散漫、一時的な意識レベルの低下、柔軟性欠如など、さまざまなものが考えられる。仕事の内容や環境によって重大に考えるべき傾向と、それほど問題にならない傾向がある。一律に標準的な曲線から外れたものを排除するのではなく、仕事の内容からみてどのような傾向が問題なのかを考え、合理的な判断基準を作っておく必要がある。

（2）就職活動での活用

　就職活動では、運転や保安等の職業を目指す学生が、適性検査として実施することが多い。稀ではあるが、作業性格上、危険作業等に適さない学生がいる。もちろん本人の自覚や努力によって改善できる面もあるが、極端な場合は、やはり進路変更を考えたほうがよいだろう。たとえば、色弱等、色覚障害がある学生は、早い時期にそのことを知っておいて、色の識別を要件とする仕事は避ける等の進路変更が必要なのと同じである。

　また、運転などの特定の仕事を志望していなくても、自分自身の作業性格を知ることは、職業選択にとって有効な情報となる。ただ、性格は、能力や興味などと違って、どのような特性がどの仕事に必要なのかという、特性と要因の関係が必ずしも明らかにされていない。クレペリン作業性格検査も、どのような作業曲線がどの仕事に向いているという、いわゆるマッチングできるわけではないので、極端な場合への配慮というスクリーニング的な活用が中心となっている。

　クレペリン検査は企業の採用時に行われることが多いため、事前に何度も練習する場合がある。しかし、この検査は練習すれば"良い結果"が得られるも

のではないし、意図的に標準曲線を作ろうとしても徒労に終わることが多い。貴重な時間を"練習"に費やすより、"普段通り"の作業ができるように、リラックスして検査に臨むほうが効果的である。

引用文献：雇用問題研究会「KN式クレペリン作業性格検査手引」

キャリア・インサイトの内容と見方

「キャリア・インサイト」は2001年に、キャリア・ガイダンスシステム（CACGs: Computer Assisted Careers Guidance System）として、独立行政法人 労働政策研究・研修機構により開発された。

改訂版（2013年）の「キャリア・インサイト」には、おおむね34歳以下で職業経験の少ない利用者向けのＥＣコース（Early Career）、35歳以上で職業経験がある利用者向けのＭＣコース（Mid Career）が用意されている。

利用者がガイダンスの基本ステップを実施することによって、自己理解を深め、職業情報を探索し、職業選択について自ら意思決定が行えるように支援するものである。

1. 構造と機能

内容は、「適性診断コーナー」「総合評価コーナー」「職業情報コーナー」「キャリアプランニングコーナー」という４つのコーナーで構成されている。

（1）適性診断コーナー

「能力」「興味」「価値観」「行動特性」で構成され、設問への回答でそれぞれの特性のプロフィールとコメントが表示される。

1）「能力」コーナー

ある作業や行動の記述に対し、うまくやる自信の程度について５段階で回答することによって、以下の８つの側面についての自信のレベルが測定される。

① リーダーシップ：交渉指導力・対人的コミュニーケーション能力。
② ボランティア＆サポート：人を世話したり、養護、教育、援助する能力。共感能力。
③ プランニング：計画・実行する企画・行動力。てきぱきと処理する能力。
④ スポーツ＆エクササイズ：身体作業の能力。敏捷性・持続性・力仕事の得意さ。
⑤ リサーチ＆アナライズ：情報・データの集約、処理や分析力。
⑥ コンピュート＆アカウント：計算、帳簿つけなど数字を扱う能力。

⑦　ハンドメイキング：機械、道具、物を扱ったり操作する能力。手工技能
　　　　　　　　　系の能力。
⑧　アート＆クリエイト：文学、音楽、美術、デザインなど創造的な活動を
　　　　　　　　　行う能力。

　プロフィールの解釈では、自信の高い能力に注目するが、低い能力も確認することが大事な点である。能力評価では、能力の上位３位までのレベル値を使って、該当する職業がリストアップされる。

２）「興味」コーナー

　興味評価は、「職業興味の評価」と「日常生活の基礎的志向性の評価」の２つの評価ツールから構成されている。

　「職業興味の評価」は、６つの興味領域に関する興味レベルを調べるもので、職業に関連する活動や作業に対する興味、関心の程度を３段階で回答する。プロフィールは、ホランド（1985）の職業選択理論（「第３節　職業レディネス・テスト（VRT）の考え方と見方」参照）に基づいた興味の分類（現実的、研究的、芸術的、社会的、企業的、慣習的）に従っている。

　プロフィールの解釈では、興味の高い領域に注目するが、低い領域も確認することが大事な点である。また、興味全般のレベルの高さや興味の分化の程度、興味の高い領域と低い領域との一貫性などにも注目する。

　「日常生活の基礎的志向性の評価」では、日常生活に関連した活動や行動の評価として表示される質問に対して、あてはまるか、あてはまらないかの二者択一で回答する。結果は基礎的志向性に関するプロフィールで表示される。基礎的志向性には対情報志向（Data）、対人志向（People）、対物志向（Thing）がある。さらに、各志向性を構成する詳しい要素もプロフィールで表示される（ＥＣとＭＣでは構成要素が異なる）

３）「価値観」コーナー

　価値観評価では、職業選択における検討条件21項目（ＭＣは25項目）に対して、重視する程度を「非常に重視する」～「全く重視しない」の５段階で評価させることで、以下の３つのカテゴリーに分類される。

①　仕事重視：仕事の内容や仕事での達成感などをどの程度重視しているか
　　（達成感、仕事の内容、社会への奉仕や貢献、成果を反映した処遇、処遇
　　の公平さ、資格取得の必要性、学問と仕事の関連性、独立や自営の可能性、
　　仕事の継続性）。

②　会社重視：企業の知名度、規模、安定性など会社の属性をどの程度重視しているか（企業の将来性、雇用の安定性、企業ブランド、企業規模、賃金）。

③　環境重視：勤務地、福利厚生、環境などをどの程度重視しているか（勤務地の限定、昼間の勤務、休日のとりやすさ、育児・介護休暇の制度化、物理化学的環境整備、職場の対人関係、福利厚生等の充実）。

プロフィールの解釈では、重視度の全般のレベル、重視している条件、重視度の分化の程度、「就きたい職業のタイプ」と「望ましい働き方」の確認、働き方別の平均的なプロフィールと自身のプロフィールとの一致度などについて確認する。

4）「行動特性」コーナー

ＥＣでは，シミュレーションと性格・傾向チェックの２つの評価ツールがあり、ＭＣでは性格・傾向チェックのみがある。

シミュレーションでは、就職後（民間企業に入社して４年目という状況を想定）の職業生活で遭遇するさまざまな出来事にどのように反応するかという行動の特徴を分類する。30問に回答すると６つの尺度のプロフィールが表示される。

①　個人プレー vs チームプレー：単独作業か、集団やグループでの作業か

②　保守 vs 改革：現状維持か、新規の考え方・方針の導入か

③　自由人 vs 組織人：個人としての行動を優先か、組織の規範を優先か

④　フォロアー vs リーダー：人の指示に従うか、人を指示するか

⑤　スペシャリスト vs ジェネラリスト：専門的なスキルの向上か、管理業務を目指すキャリア・アップか

⑥　マイペース vs 負けず嫌い：マイペースで行動するか、他者の行動や業績・成果を意識するか

プロフィールの解釈では、６つの尺度の特徴や分化の程度、特徴の一貫性などについて確認する。

性格・傾向チェックは、「基礎的性格特性・思考特徴」「好ましいと思う職場環境」「得意とする対人関係業務」について測定する。

「基礎的性格特性・思考特徴」では、ストレスへの耐性や変化への柔軟な態度、ＭＣコースのみに用意されている過去の経験への肯定感など、新しい職場への適応という観点から個性をとらえる。また、「好ましいと思う職場環境」や「得

意とする対人関係業務」の評価ツールでは、具体的な職場や職務内容と関連づけて個性を把握する

（2）総合評価コーナー

「能力」と「興味」の２つの適性を総合的にみた場合の個人の特徴と職業とのマッチングが行われる。適職リストの作成では、まず、「興味」が合致する職業を選び、その中から「能力」の側面での一致度を検討していく手順をとっている。

（3）職業情報コーナー

データベースに含まれる474個の職業について、「職業名」「仕事の分野」「資格情報」「能力の特徴」「興味の特徴」から仕事を検索することができる。個別職業としては、最大300字程度の職務解説のほか、関連する能力、興味、資格等についての情報が提供される。

（4）キャリアプランニングコーナー

キャリアプランニングコーナーは、「短期キャリアプラン」「長期キャリアプラン」という２つの部分で構成されている。

「短期キャリアプラン」には、「希望する職業との相性診断」と「就職準備度チェックリスト（ＥＣのみ）」がある。「希望する職業との相性診断」では、自分の希望や興味関心のある職業のリストを作成し、そのリストに関して適性診断コーナーで評価された能力、興味との一致度が表示される。「就職準備度チェックリスト」では、「自己理解」「職業理解」「具体的な準備」「意思決定」の４項目からみた準備度が表示される。

「長期キャリアプラン」では、20歳代から60歳代（ＭＣは70歳代）までの長期的なライフイベントの設計を行う。

ＭＣでは、ＥＣの「長期キャリアプラン」にあたる「キャリアプラン」があり、過去の振り返りにより、もう一度みつめなおす機会を提供する。自分の感情を整理し、これからの生活を考えてもらうのがねらいである。

（5）ユーザープロファイリング

「ユーザープロファイリング」では、利用者がシステムを通して得られたこと、

理解できたことの振り返りを行う。

■引用・参考文献

「キャリア・インサイト（Career Insites）利用の手引」労働政策研究・研修機構、
　雇用問題研究会、2014

第4章

職業世界を知る

● ねらい ●

　本章の目的は、「自分を知ること」「適性とキャリア選択」を踏まえて、職業の世界という「相手を知る」ことである。この章のねらいは、これから進もうとする職業の世界について、幅広く現実的な情報を得て、職業や産業への理解を深め、確かなキャリア選択ができるようにすることである。

　職業の世界には、職業、産業、事業所、雇用・経済・社会状況などが含まれる。あなたはこれらについて、すでにいろいろな知識を持っているだろう。しかし、いざ職業について考えようとすると、どれほど広く、深く、正しい情報を持っているだろうか。アルバイトで経験した仕事や、自分の専門分野と関係した業界やわずかな職業しか浮かんでこないかもしれない。新しい職業、見慣れない職業名に、とまどっているかもしれない。

　就職活動で業界研究や企業研究をスタートする前に、世の中の産業や職業の大まかな枠組みを知り、情報を整理するところから始めよう。

　産業や職業の分類、働くための資格・免許、能力開発の情報、希望する職業について体験する方法、職業の分析方法など、職業世界を具体的に理解するために、上手に情報を得る方法も知っておこう。

産業と職業の情報

1. 産業と職業の関係

「産業」は、社会の分業体制や働く場を表し、「職業」は個々人の働き方そのもので、独特の活動内容を持つ同じような仕事をしている人々につけられた名称である。

あなたは、今まで職業と産業・業界・企業の区別をあまり考えていなかったかもしれない。「"SE（システム・エンジニア）"や"教員""商社員"が希望の職種です」「職業経験は"フリーター"です」「希望の職業は、流通系か金融系にしよう……」これは、どこかが変なのだが、わかるだろうか。

この例では、"SE（システム・エンジニア）""教員"は「職業名」だが、"商社員"（商社という場所で働いている人）は職業名ではない。"金融系やマスコミ系"は「産業」（業界）を表している。もちろん"フリーター"は職業名でも産業でもない（フリーターについては「第1章第4節　若者の働く問題」参照）。

産業と職業の関係は、産業（働く場）の中に職業（どんな仕事か）がある。たとえばモノを作る産業（製造業）の中に、モノを作る人（生産工程従事者）、できたモノを運ぶ人（運輸、通信従事者）、モノを売る人（営業や販売従事者）、事業所を管理する人（管理的職業従事者）、働く人の賃金計算をする人（事務的職業従事者）などが必要である。これらの仕事が職業に分類される。

2. 産業と産業分類

「産業とは事業所において、社会的な分業として行われる財貨及びサービスの生産または提供にかかるすべての経済活動」（総務省「日本標準産業分類」）と定義される。一般には、「業種、業界」のことである。

日本標準産業分類では、「大分類」（製造業など）として20分類があり、その下に、「中分類」99（食料品・たばこ製造業など）、「小分類」530、「細分類」1,460がある（平成25年10月改定、平成26年4月1日施行、表4－1）。

就職活動で出会う「業界」の分類方法はさまざまであるが、2次、3次産業の主要な分野を取り上げる場合が多い（表4－2）。

表4－1　日本標準産業分類による大分類

A農業、林業、**B**漁業、**C**鉱業、採石業、砂利採取業、**D**建設業、**E**製造業、**F**電気・ガス・熱供給・水道業、**G**情報通信業、**H**運輸業、郵便業、**I**卸売業、小売業、**J**金融業、保険業、**K**不動産業、物品賃貸業、**L**学術研究、専門・技術サービス業、**M**宿泊業、飲食サービス業、**N**生活関連サービス業、娯楽業、**O**教育、学習支援業、**P**医療、福祉、**Q**複合サービス事業、**R**サービス業（他に分類されないもの）、**S**公務（他に分類されるものを除く）、**T**分類不能の産業

表4－2　就職活動で用いられる産業分類の例

①建設業　②食品　③繊維・アパレル　④紙・パルプ　⑤新聞・出版業　⑥印刷業　⑦化学　⑧鉄鋼　⑨非鉄・金属製品　⑩半導体・電子部品　⑪電機　⑫自動車・自動車部品　⑬重工業　⑭精密機器　⑮電力・ガス・水道業　⑯運輸業　⑰通信業　⑱商社　⑲小売業　⑳銀行　㉑証券　㉒保険　㉓不動産　㉔教育　㉕放送・広告　㉖IT・情報サービス　㉗旅行・ホテル業　㉘医療・福祉　㉙非営利団体　㉚公務員　など

3. 職業と職業分類

　職業は「生計を維持するために、何らかの報酬を得ることを目的とする継続的な人間活動あるいは一定の社会的負担」と定義される。つまり、生活するため経済的な安定を図る目的があり、社会の中で、長期間継続して続ける活動である。また個人にとって、心の支えとなり、意義深く、専心できる活動であるのが理想的である。また公共の福祉に反しないことも職業の条件である。

　約3万種の職業の全体像をわかりやすくするために、職業を類似性や関係性で分類し、整理分類したものが「職業分類」である。

　代表的な職業分類は以下の2つである。

① 　国勢調査などの統計などに使うJSCO「日本標準職業分類（総務省統計局）」。国際労働機関（ILO）の国際標準職業分類に準拠している。

② 　ESCO「厚生労働省編職業分類」。職業紹介の際の実務目的で作成され、ハローワークなどで使われる。大分類、中分類は①に準拠しており、「小分類」の下に「細分類」が設けられている。現行のESCOには約2万8,000の職業名が収録され、大分類（11）、中分類（73）、小分類（369）、細分類

（892、2011年6月公表）に分類されている。たとえば高等学校教員は、「大分類 B 専門的・技術的職業、中分類 19教育、小分類 194 高等学校教員、細分類 194‐01 高等学校教員」となる。

表4‐3　日本標準職業分類（JSCO）による大分類（2009年12月改定）

A管理的職業、**B**専門的・技術的職業、**C**事務的職業、**D**販売の職業、**E**サービスの職業、**F**保安の職業、**G**農林漁業の職業、**H**生産工程の職業、**I**輸送・機械運転の職業、**J**建設・採掘の職業、**K**運搬・清掃・包装等の職業、**L**分類不能の職業

表4‐4　厚生労働省編職業分類（ESCO）による大分類（2011年6月）

A専門的・技術的職業、**B**管理的職業、**C**事務的職業、**D**販売の職業、**E**サービスの職業、**F**保安の職業、**G**農林漁業の職業、**H**生産工程の職業、**I**輸送・機械運転の職業、**J**建設・採掘の職業、**K**運搬・清掃・包装等の職業

　職業適性検査においても、検査結果から適した職業を探索するためにそれぞれ「職業分類表」がある。能力、興味、性格といった検査目的によって内容、分類数などが異なる。たとえばVRT（職業レディネス・テスト）、VPI職業興味検査では、興味分野により6分類（ホランドの6類型）に分かれる（67頁参照）。GATB（厚生労働省編一般職業適性検査）では、興味分野や能力パターンによる13の職業（探索）領域、40の適性職業群がある（63頁参照）。

4. 職業分類と職業を知る

〈職業情報ツール──職業レファレンスブック、キャリア・インサイト〉

　「職業レファレンスブック」（（独）労働政策研究・研修機構、2004年）

　主要1,000職業について、それぞれ約400字でコンパクトに解説した職業解説書で、職業理解のための基礎資料として利用できる。

　職業情報に必要な基本的な内容を示すと、次のとおりである。

① その職業の仕事の内容：その職業はどんなことをするのか。

② その職業に就いている人たち：性別、年齢、就業上の地位、雇用形態の状況。

③ その職業に就くには：学歴、訓練、経験、資格など入職の条件。

④ その職業の歩みと展望：その職業は過去どのように推移してきて、これ

からどうなるのか。

⑤ 労働条件の特徴：賃金、労働時間、休日、交代制や職場の環境など労働条件の特徴。

⑥ その職業についての問い合わせ先・関係団体

これら①～⑥の項目は、職業を理解するときの基本ポイントなので、企業研究や仕事研究を行う場合も、適職を考える際にも、意識しておくとよいだろう。

「キャリア・インサイト」の職業情報コーナー

474の職業について、簡単な仕事の内容、関連する能力、興味、資格等をいろいろな方法で検索できる。個別職業としては、関連する職務内容のほか、関連する能力、興味、資格等についての情報が提供される。

5. 職業情報の種類と情報へのアクセス

職業世界に関する情報は、職業そのものや資格情報、産業・業界・企業情報、求人情報などさまざまである。これらの情報を自己理解、職業の理解と探索、職業選択、能力開発（スキルアップ）、キャリアデザイン作成など、それぞれの場面に活用して、意思決定を効果的に進めたい。

職業情報を選ぶときは、正確で信頼性があること、最新であること、偏見や差別がないこと、情報の時点が明示され更新されていること、などを確かめる必要がある。

入手先は学校の就職課（キャリアセンター）、新卒応援ハローワーク、わかものハローワーク、若年者就職支援機関などである。詳しくは後述する。このように間接情報が簡単に得られると、すっかり就職活動をしているつもりになるかもしれない。しかし、直接、働いている人や場所に接するなど、五感を使って経験し、働くことを実体験することが大切である。

（1）メディアによる職業情報

① 印刷物・出版物

職業辞典（厚生労働省）、職業レファレンスブック、職業カタログ（日本の仕事、女性の仕事全カタログなど）、職業に就くための本（なるにはブックスなど）、資格の本（国家試験資格全書など）、業界情報（就職四季報、会社四季報、業界図鑑など）、求人・求職情報（新聞、求人情報誌など各種）、職業人インタビュー、働くことの意義を考える本等がある。

いわゆる就職活動本は、読み物や就職活動全般にわたるもの、就職活動のステップごとに自己分析、エントリーシート、一般試験、適性検査、面接、論作文などの対策本、業界シリーズ等が各種出版されている。使いやすいものを選ぼう。

② 　TV番組など

　　NHK Eテレでは、仕事ガイダンス番組「人生デザインU_29」が放映されていた（2018年3月放送終了）。http://www.nhk.or.jp/u29design/archives/

　　WEB限定コンテンツとして、「シゴト選びのヒント　キャリアコンサルタントによるしごとの解説」がある。

③ 　インターネットの職業・就職関連サイト

　　非常に数多くあり迷うほどである。それぞれ特徴があるので、アクセスして、信頼性や使い勝手を確かめよう。

　　公的サイトとしては、厚生労働省をはじめ、中央職業能力開発協会、各都道府県の労働局等がある。

　　民間では、職業情報サイト（Career Garden（キャリアガーデン）、13歳のハローワーク公式サイトなど）、学生就職支援サイト（リクナビ、キャリタス就活、マイナビ、朝日学情ナビなど）等が数多くある。各学校のキャリアセンターの運営するサイトでも就職活動支援が充実してきている。

〈公的機関サイト等〉

◆ 「厚生労働省」https://www.mhlw.go.jp/

　　関係法、各種政策、労働統計、若者・学生就職支援、能力開発、求人情報（ハローワークインターネットサービス）、職業情報など、幅広く網羅している。

　　○「女性の活躍推進企業データベース」

　　https://positive-ryouritsu.mhlw.go.jp/positivedb/

　　女性活躍推進法に基づき企業が公表した女性活躍に関する状況についてのデータが見られる。スマートフォン版もある。

　　○「大卒等就職情報WEB提供サービス」http://job.gakusei.go.jp/

◆障害者の就職支援

　　障害をもつ学生が増えており、なかでも発達障害とその周辺の学生が増

えている。「発達障害者支援法」が平成17年4月に施行、平成28年8月に改正され、「大学及び高等専門学校は、発達障害者の障害の状態に応じ、適切な教育上の配慮をするものとする（第8条第2項）」と規定されている。このように、さまざまな障害をもつ学生に対する学業支援、学生生活支援、そして就職支援が徐々に充実してきている。

　平成28年4月1日「障害者雇用促進法」が改正され、雇用の分野における障害者に対する差別の禁止、障害者が職場で働く際の支障を改善するための措置（合理的配慮の提供義務）が定められた。また、障害者の雇用義務に、身体障害者、知的障害者に加え、精神障害者（発達障害者を含む）も含められることになり、平成30年4月1日から法定雇用率に算入されている。

　就職支援については、ハローワークなどの公的機関のほかに、民間の就職支援会社や人材派遣会社もサービスを提供している。ハローワークでは個々の障害特性に応じた職業相談・職業紹介を行い、福祉・教育等関係機関と連携した「チーム支援」で職場定着まで支援する。地域障害者職業センターや発達障害者支援センター等とも協力している。

　また、最近は就職を目指す障害者の「就労移行支援事業所」も増えている。これは「障害者総合支援法」に基づく福祉のサービスである。相談から、就労支援プログラムの作成、各種訓練、たとえばＳＳＴ（社会生活訓練）、コミュニケーション、パソコン訓練、就活セミナー、個人指導（履歴書、ＥＳ、面接対策など）、職場体験、求人開拓、職場適応のアフターフォローまで、総合的なサービスを行っている。

◆「中央職業能力開発協会（JAVADA）」https://www.javada.or.jp/
　○「技能検定」「技能五輪」「若年者ものづくり競技大会」「ビジネス・キャリア検定」等

免許・資格の必要な職業

1. 資格・免許情報

　資格・免許は非常に種類が多く、資格取得を目指す人も多い。希望する職業との関係、資格・免許内容、資格取得の目的（独立志向、企業内活用など）をはっきりさせて情報を得よう。

　取得方法も調べておこう。学歴や専門の教育が必要なもの、経験や職業経験が必要な資格もある。ただし、資格さえあれば企業社会で認められるわけではない。教養と総合的人間力を身につけた自立（自律）的人材となる努力が必要である。

（1）資格の種類

　資格は、国家資格、公的資格、民間資格に大別される。

① 国家資格

　　国の法律に基づいて、個人の技能、能力、知識を判定し、特定の職業を営む資格を証明するもので、法律により一定の社会的地位が保証される。業務独占資格（有資格者以外携わることができない）には、弁護士、建築士、会計士、税理士などがある。名称独占資格は、中小企業診断士、保育士などがある。設置義務資格は、宅地建物取引主任者のように、特定の事業を行う際に法律で設置が義務づけられている資格である。

　　技能検定は、職業能力開発促進法に基づき「働く人々の有する技能を一定の基準により検定し、国として証明する国家検定制度」である。百数十職種について実施されており「特級、1級および単一等級、2級、3級」がある。合格すると「技能士」と称することができる。たとえば、キャリアコンサルティングに関する国家資格として、2008年「キャリア・コンサルティング技能士」ができた。2016年法改正により「キャリアコンサルタント」として名称独占資格となった。

② 公的資格

　　国家資格以外で、所轄官庁が認定する資格。取得が義務づけられていないが、一定のレベルの能力があることを保証でき、有利になることが多い。

たとえば、情報処理技術者試験、実用英語技能検定、簿記検定、メディカルクラーク検定など。

③　民間資格

　法律的裏づけを持たず、民間の会社や各種団体が任意に実施して、与えられる資格。社会的に高く評価され、職業に結びつくものから、そうでないものまで玉石混淆であり、注意が必要である。

　たとえば、通訳技能検定、TOEIC、TOEFL、証券アナリスト、臨床心理士、産業カウンセラー、スポーツインストラクターなど。

　なお、ファイナンシャルプランナーのように、国家資格であるファイナンシャル・プランニング技能士と、CFP資格、AFP資格という民間資格の両方がある資格もある。

（2）免許とは

　自動車運転免許、教員免許、医師免許、栄養士免許など、多数ある。免許は根拠法令による定めがあり、資格取得して行政機関によって与えられる。たとえば、「自動車等運転免許」は「道路交通法」を根拠法とし、都道府県公安委員会が免許を与える。「教員免許状（教育職員免許）」は「教育職員免許法」により都道府県教育委員会が免許を与える。

〈資格情報のサイト例〉

　○厚生労働省：「ハローワークインターネットサービス」→「免許・資格コード一覧（大分類）」

　https://www.hellowork.mhlw.go.jp/info/license_list01.html

　○文部科学省：「国家資格一覧」（中央教育審議会生涯学習分科会（第20回）資料（平成15年1月）

　http://www.mext.go.jp/b_menu/shingi/chukyo/chukyo2/siryou/

　03072901/003/001.htm

表4-5　分野別資格例

分　野	種　類	資　格　の　例
法律・財務・経営	法律関係	司法試験、司法書士、行政書士、弁理士、通関士、海事代理士
	財務関係	公認会計士、税理士
	経営・労務関係	社会保険労務士、中小企業診断士、産業カウンセラー、アクチュアリー（保険数理士）、キャリアコンサルタント、キャリアコンサルティング技能士
ビジネス系	事務・金融系	秘書技能検定、国際秘書検定、速記技能検定、簿記検定試験、簿記能力検定、珠算検定試験、税務会計能力検定・所得税法・法人税法・消費税法、銀行業務検定・実務検定、金融渉外技能審査、ファイナンシャルプランナー
	語学関係	通訳案内士試験、通訳技能検定、実用英語検定、TOEFL、TOEIC、工業英語能力検定、ビジネス翻訳能力検定試験、日本語教育能力検定、技能検定（フランス語、中国語、ロシア語、スペイン語、韓国語等）
医療・教育・福祉	医療関係	医師、獣医、歯科医、看護師、薬剤師、歯科技工士、歯科衛生士、保健師、助産師、臨床検査技師、臨床工学技士、理学療法士、作業療法士、視能訓練士、言語聴覚士、診療放射線技師、義肢装具士、柔道整復師、はり師・きゅう師
	教育関係	教諭（幼稚園、小学校、中学校、高等学校、特別支援学校）司書・司書補、学芸員（補）、職業訓練指導員、指定自動車教習所指導員、特別支援教育士
	福祉関係	社会福祉士、介護福祉士、介護支援専門員（ケアマネジャー）、訪問介護員（ホームヘルパー）、社会福祉主事、精神保健福祉士、保育士、手話通訳士、児童福祉司、児童指導員
	心理関係	臨床心理士、学校心理士、公認心理師
建築・土木・不動産	建築土木	建築士、木造建築士、インテリアプランナー・コーディネーター、インテリア設計士、マンションリフォームマネジャー、キッチンスペシャリスト、福祉住環境コーディネーター、土地区画整理士、土木施工管理技士、造園施工管理技士、管工事施工管理技士、建築施工管理技士、建設機械施工技士、測量士（補）、屋外広告士、クレーン運転士

工業・技術系	不動産	不動産鑑定士、不動産コンサルティング、土地家屋調査士、宅地建物取引主任者、マンション管理士
	IT関係	ソフトウェア開発技術者、システムアナリスト、ITストラテジスト試験、システムアーキテクト試験、プロジェクトマネージャ試験、ネットワークスペシャリスト試験、データベーススペシャリスト試験、情報セキュリティスペシャリスト試験、ITサービスマネージャ試験、基本情報技術者、能力認定試験（情報処理技術者、ワードプロセッサ、C言語プログラミング等）
	電気・通信関係	電気工事士、電気主任技術者、ラジオ・音響技能検定、電気通信主任技術者、総合無線通信士、陸上無線技術士、国内電信級陸上特殊無線技士、航空無線通信士、海上無線通信士、レーダ一級海上特殊無線技士
	運輸関係	運行管理者、自動車運転者（第一種免許：普通・大型特殊・けん引等、第二種免許：大型・普通・大型特殊）、自動車整備士、フォークリフト運転技能者、事業用操縦士（飛行機）、航空士、航空機関士・整備士、海技士
	保安・環境・安全	ボイラー・タービン主任技術者、原子炉主任技術者、放射線取扱主任者、非破壊検査技術者、エネルギー管理士、労働安全コンサルタント、建築物環境衛生管理技術者、衛生工学衛生管理者、環境計量士、臭気判定士、公害防止管理者、危険物取扱者、火薬類取扱保安責任者
その他	旅行関係	総合旅行業務取扱管理者、国内旅行業務取扱管理者
	食品・調理関係	栄養士・管理栄養士、調理師、食品衛生責任者、製菓衛生師、レストランサービス技能検定、ソムリエ、きき酒師、フードコーディネーター
	理美容	理・美容師、メイクアップ技能検定、エステティシャン、ネイリスト技能検定
	その他	気象予報士、毛筆・硬筆書写検定、レタリング技能検定、トレース技能検定、ビジネス能力検定、色彩検定、カラーコーディネーター検定、クリーニング師、中古自動車査定士、販売士検定、シューフィッター、消費生活アドバイザー、ファッション色彩能力検定、アロマセラピスト

職業を知るには

1. 職業を知るには

　職業や職場、働いている人について日常生活の身近なところからも知ることができる。たとえば、学校など教育関係、コンビニやスーパー、百貨店などの販売・小売店、ビデオレンタルショップ、理・美容院、ファミリーレストランなどのサービス業や病院、歯科医院など医療関係などである。しかし、みえるのは表の部分だけだ。アルバイトを経験すると、客としてはわからなかった裏方仕事や苦労がわかり、イメージが変わることもある。とはいえ、学生アルバイトの職種はそれほど多くない。工場プラントや研究所、オフィスの中の仕事などはなかなか具体的なイメージを得にくい。

　メディアでも職業が取り上げられる。テレビドラマで職業が取り上げられる場合、リアルに表現されていても、ステレオタイプだったり、誇張されたり、偏っている場合もある。仕事ドキュメンタリー番組としては、その道の一流のプロを掘り下げるNHK総合「プロフェッショナル 仕事の流儀」（過去の放送はU-NEXTで配信（有料）されている）等がある。

2. 啓発的な職業体験

　啓発的な経験や職業体験は、職業や職場を試しに体験することである。職場見学では、直接職場に出向いて、職場や働く人の様子を観察する、話を聴く、意見を交換する。仕事体験をする場合は、現実の環境の中で働いてみて、匂いや温度、音なども含め、身体を使って実体験することができる。アルバイトは、仕事や職場環境への適応、対人関係も含めた総合的な職業体験といえる。

　低年齢者向けであるが、職業体験型テーマパーク「キッザニア」などのプログラムも、啓発的職業体験の1つである。

〈職業体験の例〉
　・職場見学
　・職業インタビュー
　・職場体験（1〜数日の短期間、中学校や高校で実施される）
　・インターンシップ（大学生、短大生、専門学校生）

・ジョブシャドー（ジョブシャドーイング）他

〈職業インタビュー〉

　学生自身が将来就きたい職業について、その第一線で活躍している社会人（事業所）を訪問するためにアポイントを取り、指定日時に職場を訪問してインタビューを行う。就職活動で行われるOB・OG訪問は、学生にとっては企業や職種の絞り込みのためであることが多く、企業側からみれば採用活動ともなりうるため、訪問に先立って、業界や事業所の基礎知識を得ておくことや、相手に合わせた質問内容、志望動機や自己PR、エントリーシートも準備する必要がある。

　職業インタビューでは、①事業所の特徴、働き方や制度、待遇、職場の雰囲気や人間関係などを具体的に知る、②仕事内容や特徴、役割、教育制度などを具体的に知る、③働く人から直接、選職の動機、仕事の魅力、やりがいや苦労、将来像など、職業観や人生観を語ってもらうことができる。

〈インターンシップ〉

　学生が在学中に将来のキャリアに関連して事業所で就業体験をして、職業意識を養う取り組みのこと。

　先進諸国では、初等・中等教育から就業体験を行っており、数か月に及ぶ就業体験をする場合も珍しくない。日本では1997年、若年者の雇用問題を解決する施策の中で、文部科学省・経済産業省・厚生労働省からなる「インターンシップ推進のための三省連絡会議」が発足し、政府、産業界、大学が連携して、1998年から積極的に推進されることとなった。

　企業は現場で人物を見極めることのできるインターンシップを年々重要視して、参加学生も増えてきた。2015年、就活スケジュールの変更を受けて、実施企業が一段と増え、選考の一部として利用する企業も多くなった。

　「リクルートキャリア就職白書2019」によると、2018年度にインターンシップを実施した企業は95.9％と、前年の84.6％より11.3ポイント増加した。2019年度実施予定は94.8％と、1.1ポイント微減する見通しである。また、2019年卒学生のうち、インターンシップ参加者は55.9％（前年比+0.7ポイント）、採用目的で実施している企業は26.0％（前年比+0.4ポイント）であった。内定者にインターンシップ参加者がいたのは75.4％であった（前年比+1.8ポイント）。学生で、インターンシップをした企業か、同業種に就職したものは、62.0％であった。

インターンシップは、学校や学生にとっては「職業観の育成効果」のほか、学校教育の内容や方法の改善・充実、自主性・独創性のある人材の育成に効果が期待される。企業においても、実践的な人材の育成、学校教育に産業界等のニーズを反映できる、企業に対する理解が促進される、などの意義がある。

インターンシップの実体験を通して、職業生活に求められる能力の自覚、必要な態度やマナー、コミュニケーション能力等の習得が期待される。働く意味や適性を実感し、キャリアデザインに役立てることができるなど、参加した学生の満足度はおおむね高い。

開催の情報は、就職情報サイト、キャリアセンター、新聞や説明会で得られる。エントリーシート、面接や論作文などの選考が行われることが多い。

〈ジョブシャドー（Job Shadow）〉

「影（Shadow）」のように付いて回ることから、学生が働く人に1日付いて回り、その職業の実際を見学または体験するプログラム。学生の就業意識を高め進路選択の参考にさせる。アメリカで創始され、近年では日本国内でも独自の試みが行われている。ジョブシャドーイングともいう。

3. いろいろな能力開発

最近では、大学に通いながら、資格取得や公務員の試験対策等のために講座や専門学校に通うダブルスクールも一般的である。ここでは、主に公的な能力開発（職業訓練）を取り上げる。ただし、現役学生では利用できないものも含まれる。

〈ジョブ・カード制度〉

「ジョブ・カード制度」は平成20年から活用を開始し、平成27年10月からは、「新ジョブ・カード」として、様式、活用方法等が見直された。厚生労働省のホームページによると、「個人のキャリアアップや、多様な人材の円滑な就職等を促進することを目的として、ジョブ・カードを『生涯を通じたキャリア・プランニング』及び『職業能力証明』のツールとして、キャリアコンサルティング等の個人への相談支援のもと、求職活動、職業能力開発などの各場面において活用する制度」と解説されている。

ジョブ・カードは個々人が自分のキャリア形成のツールとして作成するものであり、情報を電子化して蓄積していく。また、職業能力を見える化することで、キャリアの振り返りやキャリアプランに活用でき、応募書類を補足する資

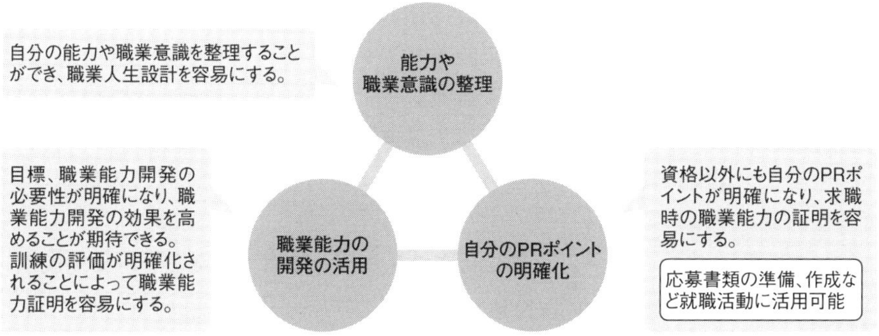

自分の能力や職業意識を整理することができ、職業人生設計を容易にする。

能力や
職業意識の整理

目標、職業能力開発の
必要性が明確になり、職
業能力開発の効果を高
めることが期待できる。
訓練の評価が明確化さ
れることによって職業能
力証明を容易にする。

職業能力の
開発の活用

自分のPRポイント
の明確化

資格以外にも自分のPRポ
イントが明確になり、求職
時の職業能力の証明を容
易にする。

応募書類の準備、作成な
ど就職活動に活用可能

（厚生労働省「ジョブ・カード制度」総合サイト）

図４−１　ジョブ・カードを作成する主なメリット

料として求職活動時に活用できる。ジョブ・カード作成支援サイトやアプリが
あり、パソコンやスマートフォンで専用ソフトウェアを使用するほか、PDF
やExcelの様式を使用して作成できる。

　学生がジョブ・カードを活用する主なメリットは、キャリア教育プログラム
を実施したり、就職活動をする際に、学習実績や訓練実績、インターンシップ、
キャリア教育等の状況、自分の目標等を記入することで、自らのキャリア・プ
ランニング等のためのツールとして活用できることである（図４−１）。

　自分の強みやキャリア・ビジョン（仕事・職業を通じた自分のなりたい姿・
理想像）などが明確になり、目的意識がはっきりとした就職活動が可能となる。

　○ジョブ・カード制度　総合サイト

　　https://jobcard.mhlw.go.jp/

〈日本版デュアルシステム（デュアル訓練）〉

　概ね45歳未満を対象とした、「企業実習」と「座学」の両方を一体的に組み
合わせた人材育成システム。専門学校や企業内で講義を受けながら、同時並行
で企業内実習（非雇用）や実務（雇用）を行い、修了後は正社員へのスムース
な移行を目指す。

　「日本版デュアルシステム（専門課程活用型／２年コース）」は、職業能力開
発大学校（ポリテクカレッジ）等での教育訓練と企業実習を並行実施し「働き
ながら学ぶ、学びながら働く」実践的な人材育成システムである（受講料は有
料）。

「日本版デュアルシステム（短期課程活用型訓練／6か月コース）」は、全国のポリテクセンター（職業能力開発促進センター）での職業訓練と企業等に委託する実習を組み合わせて行う職業訓練システムである（受講料は無料）。

　また、日本版デュアルシステム（委託訓練活用型）は、民間教育訓練機関等での座学と企業での実習を組み合わせた標準4か月（上限6か月）の訓練システムである（受講料は無料）。

○日本版デュアルシステム（独立行政法人高齢・障害・求職者雇用支援機構）
　https://www.jeed.or.jp/js/kyushoku/s-4.html

職業の分析

1. 職業の分析

　希望する職業や職種について具体的に知ることは、企業研究と同様に重要である。「その企業でどんな仕事をしていくのか。どのような特性が要求されるか、自分に適しているか」などをよく考えないままに、安易に業界と企業名だけで選ぶと、就職後に「こんなはずではなかった」というミスマッチも起こりうる。

　職業の分析は、専門的には職務分析（Job Analysis）という。職務（Job）とは、「主要な、または特徴的な課業（Task：まとまった作業）と、それに伴う責任が同一の職位（Position）の集まり」のことである。それを分析、記述していく一定の手続きを「職務分析」という。

　「職務の作業内容」のほかに「職務遂行要件」があり、これは、職務を遂行していく上で労働者として必要な条件、学歴、免許資格、必要とする職務経験、重視される特性、能力、性格、興味、身体的要件である。

2. 職業の分析方法

　その職務の仕事内容を次の「5W1H＋S（スキル）」で表す。

　何を（What）、なぜ（Why）、誰が（Who）、どこで（Where）、いつ（When）、どのように（How）、技能度（Skill）。

　①　何をどのようにするのか
　②　どのような課題や作業内容から成り立っているのか
　③　必要な資格、知識、技能、責任の程度
　④　体力や心身機能
　⑤　使用する機械、道具、ツール、IT機器等

　その他、働き方の特徴、継続して働けそうか、スキルアップの方法、キャリアの展望はどうか、などもチェックしておこう。

〈例：「小学校教員（B192-01）」の分析例〉
参考：「職業レファレンスブック」（独）労働政策研究・研修機構
　①　何をどのようにするのか

・小学校教員は、小学校において、児童に対して、集団生活を通して、義務教育である所定の教科や生活の指導などの教育を行う。
・学校の運営を担当する教頭や校長のほか、養護教員、特別支援学級担任教員、体育・音楽・図工など専科教員などもいる。
② どのような課題や作業内容から成り立っているのか
・地域の実情や学校の方針、児童の心身の発達段階と特性を考慮し、適切な教育課程の編成を行う。国の定めた学習指導要領に従って年間計画を立て、指導目標・指導計画を学年に応じて定め、教科書の選定を行う。
・国語や算数などの教科の授業、道徳指導や特別活動を行う。また、運動会や修学旅行など学校行事に参加し、必要な指導を行う。
・朝、担任している学級の教室に行き、出席をとりながら、児童の健康状態などを確認する。時間割に従い教科の授業を行う。音楽や家庭科などの専門の教科の授業のみを行う場合もある。
・給食の時間には、児童が行う給食の準備を補助し、食事に関する指導を行う。清掃の時間には、児童と一緒に清掃を行いながら、清掃の仕方を指導する。
・常に学級の状況を把握し、必要な係や委員を決めるなど、児童が楽しく学校生活を過ごせるように学級を運営する。放課後には、職員会議に出席したり、割り振られた学校事務をしたりする。
・生活指導では、集団生活の基本ルールや人間関係のあり方などを身につけさせる。また、保護者懇談、家庭訪問などを通して家族と協力して指導にあたる。
③ 必要な資格、知識、技能、責任の程度
・大学・短大・大学院の教育学部や教員養成課程などで、必要な単位を取り、免許状を取得することが必要である。公立小学校の場合は、地方自治体の採用試験に合格すれば、名簿に登録され、欠員状況に応じて採用される。私立小学校の場合は、学校独自に採用試験を行う。
・教科および生徒指導についての知識、スキルのほか、学級運営、学校運営、職員協力体制、保護者対応など職務が幅広く、責任範囲も広いため、対人能力、協調性、即時の判断と実行力、日々自己研鑽能力等が必要である。
④ 体力や心身機能：省略

⑤ 使用する機械、道具、ツール、IT機器等：省略

業界研究・企業研究

1. 業界研究の大切さ

　志望業界を絞るために、どんな業界が自分に合うか、その業界でこれから働いていくことの意義などを考えながら、情報収集をする。できるだけリアルなイメージを得て、自己の価値観や個性とすり合わせ、適合性を検討していこう。

　手がかりとして、自分の専門分野から始める、興味・関心のあるものを扱っている業界から始めるなど種々あるが、将来にわたってやりがいや情熱を持って取り組めて、キャリアビジョンを描けるような業界をみつけよう。

2. 業界や企業を知るには

　業界や企業を知るには、以下のような方法が有効である。

① 　新聞、経済誌などを読み、ニュース番組をみる習慣を身につける。これらは筆記試験の時事問題対策にも役立つ。

② 　業界団体のホームページや企業のホームページをチェックする。同業他社の比較をするとき、セミナーや面接の前などにアクセスする。

③ 　インターネットの就職情報サイト、就職情報誌などを活用して、業界の内容や動向をつかむ。いろいろな「業界地図本」もある。業界の「勢力図、再編図、海外提携地図」などがわかる。最新のものを求めよう。

④ 　学校や、就職情報フェアの「企業説明会」や「企業セミナー」は、希望業界だけでなく、可能なら幅広く参加して比較検討しよう。企業の人から直接に話を聴き、質問できるので、良い面も悪い面も含めて実態を把握しやすい。就職活動のヒントや新しい視点を得られる場合もある。個別の企業説明会では、採用の流れ、試験の詳しい説明がされる場合がある。

⑤ 　一般公開されている企業等の資料閲覧窓口を利用する。

⑥ 　OB・OG訪問では、その企業の雰囲気や仕事の実態をつかみやすい。また、先輩たちの「就職活動報告書」などを読むと、身近で具体的な実体験を知ることができる。

　就職活動を紹介したホームページによると、「企業ホームページ」「企業説明会・セミナー」「就職サイト」、そして「人事の話」がよく利用されている。活

字やインターネットの情報と、人からの情報をバランスよく参考にすることが大切である。

●志望する業界	製薬業界		
●仕事内容 　主な顧客は誰か？ 　取り扱う商品（サービス）は何か？ 　収益の柱は何か？	新薬を開発、生産し、医療関係者へ販売する。販売対象は医師や薬剤師である。		
●業界に関心を持った理由と魅力 　なぜ興味・関心を持ったのか？ 　どこに魅力を感じるのか？ 　その業界で活かせる自分の長所や能力は？	祖母が病気を患った際、処方される薬により、体調が悪化気味になったり、改善したりした。そのことから、適切な薬を活用することへの興味を持ち始めた。医薬品に関わることで、患者の病気を治したり、生活の質を高めることに貢献できるのではないかと思え、魅力を感じる。		
●業界の特徴 　現状はどうなっているのか？ 　これからどうなっていくのか？ 　課題は何か？ 　各出版社が出している業界地図やWeb、新聞やニュース、業界団体のホームページなどが参考になる。また、自分なりの分析、予測も大切である。	【現状】 国内の社会保障費の抑制のため、2020年度中に後発薬（ジェネリック医薬品）のシェアを80％以上にする目標が掲げられている。後発医薬品は新薬の2〜7割程度の価格で販売されるため、新薬メーカーにとっては逆風だが、後発医薬品メーカーにとってはチャンスである。 【課題・将来性】 再編、合併、買収など企業間の動きが激しい業界であるため、1つの会社に定年まで勤める、というような働き方は難しそうだ。また、医療機関の訪問規制や情報提供の規制が増し、MRの働き方も大きく変化している。世界には巨大製薬会社が10社もあり、日本の製薬会社は規模の面では優位性がないなどの課題もある。しかし、医薬品は病気やけがを治すために必要不可欠であり、景気に左右されにくく、業界自体がなくなることはないだろう。		
●業界で関心のある企業	○○製薬	△△薬品工業	××製薬
	××薬品	△△製薬HD	
●関連業界	ドラッグストア	食品	介護
	小売	専門商社	化学
●備考			

図4−2　業界研究シート

3. 企業分析３つの視点

企業分析を行うためには次の３つの視点から行うとよい。

① 成長性、収益性など財務を中心とした分析（財務分析）

② 経営者の姿勢、社風、労働組合、福利厚生など人を中心とした分析（人分析）

③ 業務内容、技術、商品など物を中心とした分析（物分析）

これらの情報を得るには、「日経会社情報」「会社四季報」や、企業のホームページ、会社案内、新聞の経済欄などに目を通しておくことが必要である。実際の製品やサービスを体験することも役立つ。

4. 事業所情報のチェック項目

求人票は、個々の事業所が作成し、事業所に関する情報と、採用職種、労働条件等に関する情報が盛り込まれる。学校が形式を決めて、それに添って作成される場合もあるが、企業が独自のフォーマットで提供する場合もある。一般的な求人票の例をあげておく（図４－３）。なお、情報として盛り込まれない項目もある。以下の条件をまず確認すること。

・地理的条件（地元か、他地域か）

・事業所の形態（公務、民間）

・企業規模（大企業、中小・中堅企業）

・業種（製造、商社、金融、サービス等）

・企業の将来性、成長性、グローバルな展開

・業界内での評価、評判

・職業自体の専門性（必要な資格、専攻など）

・職務の内容（「第４節　職業の分析」参照）

・勤務形態（勤務時間、週休制など）

・経済的条件（賃金、昇給など）

・福利厚生（労働・社会保険、財産形成、医療、育児休業、介護休業制度、文化、体育、保養施設など）

・転勤の可能性

データだけからは把握しにくいと思われるが、長く働き続けるために次のようなポイントもチェックしておくことが大切である。

・経営者の姿勢、企業の目標、企業風土、社会的責任、コンプライアンス

・女子の場合は、男女の差別がなく女性が活躍できそうか、働き続けやすいかどうかもポイントになる。男女の人数、勤続年数の差、男女の職務内容、研修、昇進、転勤などの実態、女性の管理職比率、有給休暇、育児休業の取得状況、介護休業がとりやすいか。復帰後の対応、残業はどうかなどである。
・障害者、性的マイノリティ、外国人など、多様性にどれだけ開かれているかもポイント。

「就職四季報－女子版」（東洋経済新報社）では職場環境や制度について、一定の情報が得られる。また、子育て支援「くるみん」で認定されている企業（約1,800社）や「均等・両立推進企業表彰」は厚生労働省のホームページでみることができる。

○なでしこ銘柄（経済産業省）

東京証券取引所の全上場企業の中から、業種ごとに、女性活躍推進に優れた企業を紹介。

https://www.meti.go.jp/policy/economy/jinzai/diversity/nadeshiko.html

○新・ダイバーシティ経営企業100選（経済産業省）

女性、外国人、高齢者、チャレンジド（障がい者）を含め、多様な人材の能力を活かし、価値創造につなげている企業を表彰。

https://www.meti.go.jp/policy/economy/jinzai/diversity/kigyo100sen/index.html

求 人 票 （ 大 卒 等 ）

1 会 社 の 情 報

（1／3）

事業所名	コウギョウカブシキガイシャ ○○ 工業 株式会社		従業員数	企業全体 2,200 人	就業場所 75 人	（うち男性） 56 人	（うち女性） 19 人
所在地	〒 210-0000 川崎市川崎区○○町1-1		設立 昭和30年 資本金	1億円		年商	600億円
			電話	044-123-****		F A X	044-123-****
			E メール	abc**@abc**.co.jp			
	JR 川崎　　　　　　　徒歩 10 分		ホームページ	http://www.abc**.co.jp			
代表者名	代表取締役社長		法人番号				
事業内容	機械加工、エンジニアリング、半導体加工 等		会社の特長	大手機械メーカーのパートナー企業として成長。 新規事業にも積極的に取り組む将来性ある企業です。			

2 仕 事 の 情 報

雇用形態	正社員	職種	総合職 【 既卒 3 年 以内応募可 】		求人数	10 人
仕事の内容	総合職 1.【生産管理】製鉄所・工場の生産工程管理 2.【 営 業 】工場における機械加工についての技術営業 3.【研究開発】機械加工に使用する材料の研究、加工方法の研究、新技術開発 4.【 設 計 】工場設備メンテナンスに関する設計		学歴（履修科目）		大卒 以上	
			必要な免許・資格		普通自動車免許（AT 可）	

雇用期間の定め	なし　　　　　　　～				
就業場所	転勤の可能性あり	主な勤務先	(1)　　　　　　〒 事業所所在地に同じ （JR川崎 駅）下車徒歩（10）分		
		その他勤務先	(2) 当社各事業場 （大阪、愛知、茨城、新潟 など）	(3)	(4)
就業時間	変形（1ヶ月単位）	(1)　8時30分 ～ 17時15分 (2)　　　　～ (3)　　　　～	その他特定曜日　　　　曜日 　　　　　　～	時間外 あり　月平均 20 時間	休憩時間 60 分

3 労 働 条 件 等

区分＼学歴		大学院	大学	短大	高専	専修学校	能開校
賃金（税込）	賃金形態		月給				
	基本給	円	225,000 円	円	円	円	円
	手当	円	円	円	円	円	円
	手当	円	円	円	円	円	円
	手当	円	円	円	円	円	円
	手当	円	円	円	円	円	円
	計（税込）	円	225,000 円	円	円	円	円
賃金締切日	毎月 15日	その他		賃金支払日 末日		その他	

図4－3　求人票の例

求人票（大卒等）

3　労働条件等（つづき）

(2／3)

通勤手当	実費（上限あり）　　　マイカー通勤 不可 月額 100,000 円まで　　日額　　　円まで			賞与	あり	（新規学卒者の前年度実績） 年 2回　計　　月分 又は　　万円			
				昇給	あり	（新規学卒者のベースアップ込みの前年度実績） 年 1回　　　円／月 又は　　　%			
休日等	休　日　日祝他 週休　毎週 二日制 年間休日数　　117日	休日、週休二日制のその他の場合 会社カレンダーによる （年間 5日程度、土曜 日出勤あり）年末年始		有給休暇	入社時　　　0日 6ヶ月経過後　10日 最大　　20日	休業等取得実績	育児休業 あり 介護休業 あり 看護休暇 あり	就業規制	フルタイム あり パートタイム あり
福利厚生等	加入保険等 雇用 労災 ~~労働~~ 健康 厚生 財形 確定給付年金 ~~退職金共済~~ 退職金制度 あり　（勤続 3年以上）	入居可能住宅	単身用 なし 世帯用 なし	労働組合	なし	定 年 制　あり 一律 60歳 再 雇 用　あり 65歳まで 勤務延長　なし			

4　選考

受付期間	～　　6月1日 以降随時		受付方法	郵送　電話　~~FAX~~　~~Eメール~~　~~ホームページ~~ その他				
説明会	日時・場所		選考方法	面接　~~適性検査~~　筆記試験（~~専門~~ 常識 ~~英語~~ ~~作文~~ その他	）その他			
書類提出先	事業所所在地	応募書類等	履歴書 ~~ジョブ・カード~~ 卒業見込証明書 成績証明書	その他選考時持ち物	応募書類の返戻 あり			
					既卒者の応募　可 卒業後概ね 3年以内			
					既卒者の入社日　随時 その他			
選考場所	別途通知	選考場所	事業所所在地		試用期間　あり　労働条件 3ヶ月 変更なし			

担当者	課係名 役職名　総務部 人事課			採用・離職状況		採用者数	離職者数
	氏　名　雇用 太郎				平成 28年度	10人	1人
	電話番号 044-123-****　　内線　1234				平成 29年度	12人	1人
	ＦＡＸ 044-123-****				平成 30年度	11人	0人
	Ｅメール abc**@abc**.co.jp						

5　補足事項・特記事項

補足事項	最新鋭の機器を使った国内トップレベルの機械加工技術につき、 開発部門での研究により、数々の特許を取得しています。 ・入社後1週間、新入社員研修 ・その後3カ月程度、工場での実習あり	求人条件にかかる特記事項	
インターネットによる求人情報の公開　　可			

図4-3　求人票の例（つづき）

■参考文献

「キャリア・コンサルティング　理論と実際　5訂版」木村周、雇用問題研究会、2018

「大学生のためのキャリア開発入門　第2版」渡辺峻、中央経済社、2008

「職業レファレンスブック」労働政策研究・研修機構、2004

「産業カウンセリング辞典」日本産業カウンセリング学会監修、山本公子分担執筆、金子書房、2008

「キャリア教育概説」日本キャリア教育学会編、山本公子分担執筆、東洋館出版社、2008

「就職白書2019」リクルートキャリア、2019

第5章

キャリアデザイン

● ねらい ●

　キャリアデザインの目的は、未来の自分の姿をデッサンするところにある。それは夢と希望に満ちた心躍る自分である。心から成りたいと想う自分である。それはまた、自分の特性を生かし切った自己実現の姿といってもよいだろう。

　キャリアデザインは、建築やファッションのデザインとは違う。人生とか生き方というソフトのデザインである。そこには独特のデザイン手法がある。人の心の有様や人間関係が絡んでくるものであり、独自の難しさも存在する。

　本章では、それらのことを踏まえ、キャリアデザインの基本的な考え方と手法を探求するのがねらいである。

　なお、本章の学習や演習が成り立つためには、第1章から第4章までの理解がある程度進んでいることが前提となる。

キャリアデザインとは

1. キャリアデザインとは

　キャリアデザインとは、未来の働き方を描くことであり、これからの生き方を明確化することである。そのためには、自分を理解し、職業と経済社会構造の理解も深め、さらにキャリア選択を可能にする心構えが必要となる。

① 　本当にやりたいことは何か。

② 　自分は何が人よりも、また自分の中で優れているのか。

③ 　何をしているとき、どんな自分でいるときが生きている意味ややりがいを感じるのか。

　キャリア・アンカーの概念を唱えたエドガー・シャインは、キャリアを考えるためには、この3つのことを内省せよと語ったが、これらを明らかにしながら、将来自分がたどる人生の道筋をデッサンしてみるのである。それはまた、希望と夢に満ちたものでなければならない。

キャリアデザインの考え方と手法

1. キャリアデザインの考え方

（1）大まかなデッサン（素描）でよい

　キャリアデザインは、インテリアや建築のデザインとは違う。インテリアであれば、緻密な完成品を描かねばならない。モノではない生き方というソフトを描くキャリアデザインは、精緻なものは必要ない。世の中の変動のサイクルが早く、組織と職業の中身や働く制度なども変わっていく視界不良の現代社会においては、尚更である。キャリアデザインの中身は、大まかなデッサン（素描）でよい。

（2）自己に立脚したものにする

　キャリアは、常に個人や個人の経験と独立して存在しない。人の顔がみな違うように、一人一人のキャリアは独自になる。

　また、それに加えて、社会変動が激しく見通しが利かない社会であればあるほど、キャリアデザインは、社会より自己に立脚した描き方となる。

　自分の興味、能力、価値観など、個人特性や個人の内面に焦点を当てたデザインが望ましい。

（3）働くことを中心に構成する

　キャリアの中心は「働く人生」である。働くことを抜きにしてキャリアは語れないし充実した人生も難しい。働くことは、自分を社会と結びつけ、自分の個性を発揮できる最も有力な媒体である。これを生かすことを考えよう。

（4）節目や転機で行うのでよい

　人生は何が起きるかわからない。いくら精密な計画を立てても、そのとおりにいかないことが多い。また、レファレント・パーソン[1]との偶然の出会いが、その人の人生を決めることも少なくない。各界著名人の人生をみれば、必ず「人生の岐路に人あり」がわかる。

※1　人生の節目で出会い、自分の人生を発展的方向へと導かれるきっかけとなる重要な他者（140頁参照）。

スタンフォード大学のジョン・クルンボルツ（John D.Krumboltz）教授は、数百名にものぼるビジネスパーソンのキャリアを研究した結果、80％は偶然の出来事がその人のキャリアに決定的な影響を与えていることを分析した。その研究結果から、彼は「計画された偶然性（Planned Happenstance）」を提唱し、予期せぬ出来事はキャリア上好ましいことが多く、またそれを積極的に自らのキャリアへ生かすことの大切さを強調した。

キャリアデザインは卒業、就職、離転職、結婚、倒産、解雇など、そのときどきの人生の節目の場面で、デザインすればよい。

（5）自分でデザインすること

キャリアは、自分が生きた足跡である。誰かにアドバイスを受けてもよいが、あくまで自分がデザインし実行するべきものである。キャリア形成が組織主導から個人主導に大きくパラダイムシフトした今では、なおさらである。

（6）夢と希望に満ちた内容にする

キャリアデザインは、未来の自分の姿を描く作業である。その姿は、夢と希望に満ちた姿でなければならない。文部科学省がまとめた「職業観勤労観を育む学習プログラム」でも、将来設計能力の領域説明文は、「夢や希望を持って将来の生き方や生活を考え、社会の現実を踏まえながら、前向きに自己の将来を設計する」となっている。

この「夢や希望を持って」が大切である。わくわくするような未来の自分、未来の生活を描いていくことが第一である。

もし、みなさんが、次のような状態になるとすれば、それは、みなさん自身が、キャリアデザインのできない、何かが欠けているということになるであろう。

・「夢と希望に満ちた将来設計が描けない」

・「デッサンしてはみたが、現実味がなく、信じることができない」

これらの原因として、最も考えられるのは次の２点である。

A．今の自分を肯定できず、受容もできていない。

B．考え方がネガティブ思考になっている。

同じ事柄でも、それをどう認知するか、どう解釈するかで、その人の人生は

違ってくる。すなわち思考は、その人生の方向を決める力を持っている。

したがって、働く人生を夢と希望に満ちたものにするには、あなたの自己概念や考え方を、前向きで肯定的なものにしておく必要がある。

「自分もやればできる」「自分にも優れた個性がある」「自分は自分でいいんだ」という肯定的な発想ができるようになれば、夢と希望に満ちた未来のキャリアを描くことができるだろう。

＜自己肯定感の低い日本の子どもたち＞

しかし、日本の青少年の自己肯定感の低さが、今教育現場での大きな問題になっている。

「どうせぼくなんか」と嘆く6年生の男子、あるいは「無理、私には……」とやる前からあきらめてしまう高校1年の女子生徒……、学校現場でそういった後ろ向きの発言を耳にすることが少なくない。

自己肯定感は生きる原動力である。この心のエンジンともいえる自己肯定感には、「自分は自分でいい」という今の自分をあるがまま受容する基礎的自己肯定感のほかに、「自分もやればできる」という自己効力感と、「自分も役に立つことができる」という自己有用感がある。

内閣府は、2018年11〜12月に13〜29歳の男女を対象として「我が国と諸外国の若者の意識に関する調査」を先進6か国（米・英・独・仏・スウェーデン・韓国）とともに実施した。

その中の「自分には長所があると感じている」の項目で、「そう思う」と答えた若者は、日本は62.3％に留まり最下位。その他の国はすべて7割を超え、米国にいたっては91.2％を示した（図5−1）。

また、自己効力感に通じる「うまくいくかわからないことにも意欲的に取り組む」の項目でも、「そう思う」と答えた若者は日本が最下位で、51.5％しかなかった（図5−2）。

夢と希望に満ちたキャリアデザインを可能にするためにも、この否定化傾向にある自己概念を、肯定的なものへと変容していく必要がある。それを臨床心理の世界でリフレーミングと呼ぶ。

100点満点のテストで50点の成績だった場合、「半分は不正解で、50点しかとれなかった」と解釈するか、「努力の成果で50点がとれた」と評価し伝えるかで、子どもが受ける印象は、まるで異なったものになる。子どもの中にすでにある

もの、それをリソース（資源、資質）と呼ぶ。

　親も教師も、50点のテスト結果の場合、前者の否定的な評価伝達に傾きがちである。できているところ、すでにあるところをみないで、できていないとこ

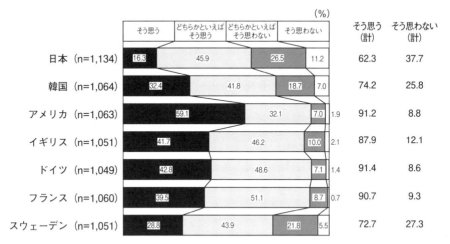

（内閣府「我が国と諸外国の若者の意識に関する調査」2018.11〜12）

図5−1　自分には長所があると感じている

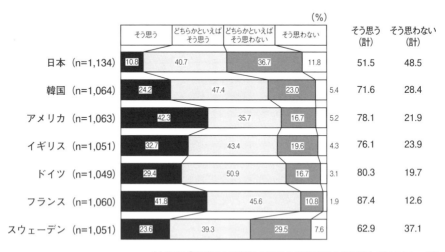

（内閣府「我が国と諸外国の若者の意識に関する調査」2018.11〜12）

図5−2　うまくいくかわからないことにも意欲的に取り組む

ろや足りないところをみてしまいがちである。また、クラス内で、また兄弟間で、100点近くとった優秀な子どもを評価し、平凡な点数の子は、ダメ出ししないまでも、無視しがちになってしまう。これでは、一握りの優秀な成績の子どもしか、自己肯定感は育たない。その子なりに50点はとったところをみて、そこを肯定的に評価しなくては、その子の自己肯定感は育たない。今度はもっと頑張ろうという意欲も生まれてこない。多くの子どもたちは、「ああ、もうやる気なくした」とため息をつくのである。

多くの子どもたちが、平凡な点数の成績群に集まる。これら多くの子どもたちが、「大したことないね」「塾にも行っているのに、なぜこれしかとれないの」と否定的に評価されるのが、今の現実だ。

学校現場と家庭で、肯定的な認知で子どもと接していくことが、強く望まれる。教員研修や保護者向けの講演で、このリソースやリフレーミングを紹介し、その演習ワークをやると、先生方も保護者の方々も、嬉々としてのめり込むように取り組まれる。それは長きにわたって続いてきた偏差値教育の弊害に、気づいてもらう瞬間でもある。

2. キャリアデザイン作成の条件

（1）自己理解ができている

第3章で、VRTやGATBの心理検査を実施して、それぞれ自分のパーソナリティ（興味）と職業潜在能力（適性能）の特徴が理解できたと思う。

またキャリア・アンカー探しを通じて、自分で何が大切か、キャリア形成の拠り所が透けてみえてきたのではないか。どんな働き方や生き方を自分が望んでいるのかが、明確になった人もいるはずである。

これらVRT、GATB、キャリア・アンカーや自己理解のそれぞれを統合して、キャリアの方向を描いてみることが、キャリアデザインともいえる。その作業は何度繰り返してもよい。

（2）前向きな発想、肯定的で柔軟な認知ができる心構えになっている

「不確実なことを、前向きに考える」Positive Uncertainty概念を提唱したジェラット博士は、その具体策として次の項目をあげている。

① 先はわからないことを前提に意思決定する。
② やりたいことや目標は仮説として持つ。

③　自分が知っていることを疑ったり警戒したりする。

④　願望を込めかつ現実的に信じる。

⑤　誰も教えてくれなかったことを自分で学ぶ。

⑥　将来を予測し準備し、かつ創造する。

　直感を知性として活用する等、これらの新しいパラダイムを実行することが、変化の激しい不透明な時代のキャリアデザインには必要である。

3. キャリアデザインの手順
（1）キャリアデザインの構造
　VRT、GATBという心理検査ツールからキャリアデザインすることも、キャリア・アンカーから自分らしい働き方・生き方を探っていく方法も、ともに有力なキャリアデザインの手法である。

　キャリアデザインとは、「成りたい自分」や「こうありたい自分」を実現していくためのシナリオを描くことである。その「成りたい自分」や「こうありたい自分」あるいは、理想とする働き方や生き方のことをキャリアビジョンという。キャリアビジョンを実現していくための手順がアクションプランになる。

　つまり、キャリアの方向というのも、「成りたい自分」や「こうありたい自分」の方向のことであり、憧れや夢の方向とも一致する。その方向の具体的到達点がキャリアゴールである。憧れの生き方や、夢や希望に満ちた成りたい自分のイメージがない人には、キャリアデザインは意味を持たない退屈な作業になる。このようにキャリアデザインは、①キャリアビジョン、②アクションプラン、③キャリアゴールの３つの構造から成り立っている。

　この３つの具体的な内容と違いを理解するために、大リーガーイチロー選手の生き方を例にあげて説明してみよう。

①　キャリアビジョン（夢・目指す方向）
　　「野球で生きていこう」「プロ野球の選手になる」

②　アクションプラン（夢実現のための戦略戦術）
　　「日々猛練習」「甲子園出場」

③　キャリアゴール（成りたい自分の具体的姿」
　　「日本プロ野球１軍の有名選手」「大リーガー」

（2）キャリアビジョンの明確化

　未来の進むべき方向を考えたとき、一体自分はどこへ行くのか。どこに向かって進めばいいのか？　そういったキャリアの大まかな方向をデザインする作業がキャリアビジョンである。進むべき方向を探るには、まずは幅広く世界を知ることが必要であるし、どのルートを通るのが自分に合っているのかを調べることも必要になる。これは、キャリアデザインにおいて、キャリアの方向を決める作業である。キャリアの方向を決める基準は、次の3つになる。

　①　自分の特性が生かせる領域への方向

　②　自分の夢や憧れが実現できる領域への方向

　③　社会のニーズがあり、必要とされる領域への方向

　キャリア形成に必要な4つの能力（文部科学省）の1つ、将来設計能力の解説には、「夢や希望を持って人生を考え」の次に「現実の社会を踏まえつつ、前向きに自分の生き方を設計する」と書かれている。キャリアデザインとは、別のいい方をすれば、自分の夢と現実社会とのギャップを埋めていく作業でもある。

　また、時代の変化が激しいので、これからの時代で有効なキャリアデザインを描くためには、ある程度のマーケティングセンスも必要だ。世の中の動きをよくみて、これからこうなっていくだろうとの予測に基づく中で、自分が進みたい方向や夢に近づくためにはどう行動したらよいか、そういう将来予測のセンスも大切である。

　自分自身の進む方向と社会の方向とが一致するかどうか？　その基準の中で、どうしても外せないのが、価値観（人生観）である。

　キャリア・アンカーは、あらかじめ自覚された①能力・才能、②動機・欲求、③価値観・態度の3つから構成されているが、この③の価値観が最も外せない要素である。これをキャリア・アンカーの提唱者、エドガー・シャインは「どのようなことをやっている自分なら、意味を感じ、社会に貢献していると実感することができるのか？」といういい方で表現している。

　シャインが提唱したキャリア・アンカーは、働き方・生き方を選択する際、どうしても捨てられない価値、妥協できないポイントでもある。それは働き始めの若い人には必ず生まれてくるもので、それを無視してキャリアの方向を選択決定することは不可能である。

　この価値観を明らかにするのは、キャリア・アンカーを測定することも有力

な方法であるが、学生が職業世界へ参加する際に、もう1つ有効な発想がある。それは、商品価値セルフメイキングというワークである。

Work 1 「商品価値セルフメイキング」

これは、社会に出ている商品に対する自分の思い、考えを明らかにする方法である。自分の価値観とその業界や企業との価値観が、どれくらい合致しているかを考えさせるワークである。

その商品を"もっと社会の人に知ってもらいたい、もっと使ってほしい"と思えるかを吟味するもので、自らの志望動機にも深く関わる作業といえる。たとえば、新聞社に勤めるY氏はインスタントラーメンを決して食べない。「あれは体にはよくない食品だ」と彼はいう。Y氏が、インスタントラーメンを作る会社に就職することになれば、彼は体に害を与える商品を世の中に勧める立場になる。彼がやりたい社内報の編集などの職務を担当できたとしても、その給料も、自社製品であるインスタントラーメンが売れて初めて確保されるのであるから、社会的立場は同じである。

そうなれば、彼自身、辛い場面のときに耐えられなくなるだろう。自分のやっていることの価値と意味が見出せず、苦しくなれば転職するかもしれない。この商品への価値評価は、社会参加を行う際には、常に必要な作業である。

　①　その会社やその業界がどのような商品を提供しているのか。
　②　その商品に対して肯定的な価値評価ができるか。

これらの作業を通して、より自分に合ったキャリアの方向が明確となり、キャリア選択の精度も高めていくことができるだろう。

Work 2 自分史作成：過去のイベントとライフラインの作成と分析

これは過去に、自分にとって影響のあった12の出来事をピックアップし、そのときの自分の状態や気持ち、そしてその出来事を通して変化し成長した自分を、記述していくワークである。この作業を通して、まず、自分がどのような人生を歩いてきたのかの理解を深める。それから、人生がどのような構造になっているのか、キャリアとは何か、などを考えさせる。そうして、自分のキャリアに目覚めてもらうのが目的である。

また、過去の自分の人生で節目や転機はどこだったか、そこでどう自分は行動したのかを考えることも大切である。そのときにきちんとキャリアデザインをし、自分で意識して選択決定したかの確認も重要な作業になる。

この過去の自分史を描いてみることは、未来の自分を描いてみることの助走にもなっている。

Work 3 「VRT、GATB の結果による自己分析」

　VRTは本人のパーソナリティ（職業興味）と職業とを、GATBは潜在能力（適性能）と職業とをマッチングする構造になっている。それらの結果は自己理解の大きな力になる。特に、主体的なキャリア形成が求められる今、心理検査で自己の個性を理解し、それを働き方や生き方に反映させていく発想と営みは、ますます重要性を帯びている。

　たとえば、幼少の頃の夏、家の庭先で花火の最中、うまくマッチをすれない弟がいたとする。兄や姉と比較され「おまえは全く不器用だね」と母親から何気なくいわれる。その一言で「ぼくは不器用なんだ」という自己概念が弟の中に芽生え定着する。しかし、GATBの器具検査を実施してみると、適性能得点が100を超え、人と比べても器用な部類に入るということが、初めて明らかになる。

　このように標準化された適性検査によって、等身大の自分をみつけることができ、否定的な自己概念を肯定的なものに変えたり、正しい自己概念が持てるようにしていくツールとしても使えるのである。それは同時に生きる原動力である自己肯定感を養うことにもなるといえるだろう。

Work 2 「自分史を描こう」

自分史を描こう
<書き方>　1.　今までの人生で、自分にとって影響のあった「出来事（イベント）」を12記入する
　　　　　　2.　①「その時感じた気持ち」②「その時の自分」あるいは「成長・変化した自分」を記入する
　　　　　　3.　0歳から今までの「好調−不調線（ライン）」を描く
　　　　　　4.　好調−不調ラインは正直に、どうしても記したくないイベントは記入しなくてよい

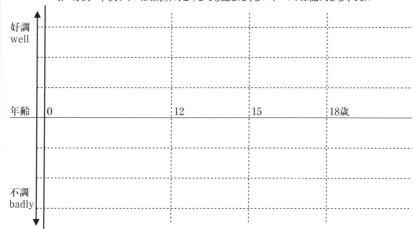

<自分にとって影響のあった出来事>

	出来事・イベント名	その時の気持ち	「その時の自分」or「成長・変化した自分」
①			
②			
③			
④			
⑤			
⑥			
⑦			
⑧			
⑨			
⑩			
⑪			
⑫			

Work 3 「VRT、GATB の結果による自己分析」

VRT、GATBの結果による自己分析シート

1. VRTの自己分析結果

R	I	A	S	E	C
%	%	%	%	%	%

2. GATBの適性能の結果（適性能の得点を記入）

G	V	N	Q	S	P	K	F	M

3. 将来の職業に生かしていきたい興味領域とその傾向

4. 将来の職業生活に生かしていきたい適性能は?

5. GATBの結果からみた適職群（ほぼ適性以上）と、主な適性のある職業は何ですか。

適職群

主な適性職業

6. 自分が希望する職業

理由

7. 検査結果や希望職業を総合的に判断して、どのようなキャリアの方向（適職）に進もうと考えますか。

方向（適職）

理由と気持ち

Work 4 「ライフ（キャリア）・アンカーを探す」

キャリア・アンカーによるキャリアデザインは、その測定して出たキャリア・アンカーに対する、自分の気持ちを確かめることから始まる。なぜ、それが自分のキャリア・アンカーになったのかを確認していくのである。それができれば、自分のキャリアデザインをするときの基準が、理解されていくことにつながっていく。

キャリア・アンカーは企業内キャリアの方向のあり方を調べるにはよいものであり、企業外キャリアを考える上でも便利なツールである。

キャリア・アンカーは、働き始めて初期段階を経てはっきり自覚されてくるもの（特に30歳代）と、シャインはそのキャリアモデルで説明しているが、職業経験の浅い学生や若者にとっても、典型的な働き方・生き方の学習になり、気づきも生まれ、自分の生き方の確認ができるなどの効用がある。

動機、能力・価値観の統合でもあるキャリア・アンカーは、「専門指向」「管理指向」「安定指向」「自律指向」「起業家指向」の5つに分けられ、具体的には8つのアンカーモデルがよく使われている。

Work 5 「未来ライフイベント、未来自分史、成りたい自分シートの作成」

ここでは未来ライフイベントでのデザイン実習を述べる。これは、これからの未来の人生で、ぜひ味わっていきたい出来事の描写である。

その出来事の名称を記述し、その内容と自分の年齢、および自分の気持ちや成長変化した事柄を自由に記述する。あくまで「こう生きていきたい」との観点から、前向きに取り組むことが大事である。わくわくする内容になるように書く。それがポイントである。一種のブレーンストーミングのような発想でよい。

イベント数は6〜8つ、最後の冥界へ旅立つことをあらかじめ記入しておく。

この作業によって、有限な人生、1回限りの人生で、いったい自分は何がやりたいのか、何を体験すれば生きるに値する人生になるのかなどが明らかになる。

1. 職業選択の行動傾向

職業を選ぼうとするときに、こだわることや大切にしている事柄を探そう。
あてはまるものを全て選び□に✔を入れる。（複数回答可）

□興味・関心	□能力・適性	□資格・免許	□社会貢献	□地位・名声
□安定性	□公共性	□人間関係	□労働条件	□労働環境
□給　料	□福利厚生	□独立可能性	□勤務地	□昇進・昇格
□創造性	□規則遵守	□感　性	□体　力	□自　然
□奉　仕	□研修制度	□海外勤務	□家庭生活	□業　界
□企　業	□その他（			）

上の✔した項目の中で最もこだわっているものベスト3を選ぶと

① ＿＿＿＿＿＿＿＿　　② ＿＿＿＿＿＿＿＿　　③ ＿＿＿＿＿＿＿＿

あなたのライフ・アンカーを文章で表してみましょう。

2. 第2章第3節の「チャレンジ自己分析」で実施したキャリアタイプの結果から、高い3分野を参考にして、あなたのキャリア・アンカーをまとめてみましょう。

Work 5 「未来ライフイベント」

書き方：「こう生きたい」「これは一生の間に必ず体験したい」という観点から、夢と
希望を込めて、6つの人生イベントを、自由に考えて記入する。

自分にとって重要な未来イベント	自分の年齢と内容	西暦と社会的出来事 成長変化した自分
例）卒業、就職　恋愛、出会い 結婚、子ども誕生、マイホーム 海外移住、店長昇進、独立経営 海外遠征、全国大会優勝、…		
1 就職	22歳 希望のインテリアメーカーに就職できた。アパートで念願の1人暮らしを始める	2020年　東京五輪 厳しかった就活を乗り越え一回り大きくなる
2 結婚	27歳 早いかなと思いつつ高校時代の同級生A子さんと遠距離恋愛を実らせる	2025年 大阪・関西万博 精神的に落ち着く とてもHAPPY！
3		
4		
5		
6		
冥界へ旅立つ（死去）		

Work 6 キャリアケース研究

「キャリアケース研究」は、自らのキャリアデザインをする際に、参考となる先人たちの歩んだキャリアをたどり、研究するワークである。

■節目で遭遇する重要人物（レファレント・パーソン）

日本人の生き方には、"間人主義"というのがある。これは欧米の個人主義に対する日本人独特の人間関係の取り方、生き方として表現される。その本質は、人間関係そのものが生きることであり、本質化する生き方である。

「おかげさまで」という言葉がある。つまり自分が社会で生きられるのも、うまくキャリアが展開できるのも、自分を取り巻く人々、社会の人たちのおかげだという意識である。相互依存主義、助け合いの心意気である。

一方、西欧の個人主義は、人間関係がときによって自分の目的を達成する手段になりがちだ。孤立的で利己主義的な生き方といえる。よく、欧米諸国は甘納豆社会、日本は納豆社会というが、キャリアが形成される際にも、人と人とが糸をひくように連結して展開されていくのが日本である。しかし、最近の調査では、この間人主義的生き方が、欧米諸国でも肯定的に受けとめられつつあるといわれる。

特に節目や転機のときに、決定的にお世話になる人（レファレント・パーソン）との遭遇がある。一生懸命やっていれば、ひたむきに努力していけば、誰かが道を開いてくれる。手を差しのべてくれる人のことである。

たとえば、一軍での実績がなく、2年間二軍でくすぶっていたイチロー選手を、3年目の開幕から突然一軍レギュラーで起用し、その後の飛躍のきっかけをつくった仰木彬監督。当時オリックス球団の新監督に就任した仰木氏が、イチロー選手のレファレント・パーソンになるだろう。

また、日体大時代3000メートルの記録が中学記録より遅く、自ら駄馬と称する有森裕子選手を、マラソンへの適性を見抜き、2度の五輪メダリストになるまで育てた小出義雄監督。

さらに、町の自動車修理工から身を起こし、自分の不得手な経営財務の分野を補ってくれた藤沢武夫氏との出会いをきっかけに、彼と二人三脚で「HONDA」を世界一流の巨大自動車メーカーに創り上げた本田宗一郎氏。

その他、スポーツ界や経済界のみならず、飛躍のきっかけとなるこのレファレント・パーソンとの出会いを、感謝の言葉とともに語る日本の著名人は数限りない。自らのキャリアゴールめざして励んでいれば、レファレント・パーソ

ンとの出会いはあなたにもいずれやってくるだろう。

（3）アクションプランの作成

　「こういう生き方をしたい」「成りたい自分」「こうありたい自分」という憧れや夢を実現するためには何が必要か、それを具体的な要素に分解し、それぞれの現実的な目標に置き換えて実行計画を組み立てていく作業である。

　キャリアプランは、3年後、5年後、10年後のそれぞれのキャリアパスを想定しながら、計画を練るというものである。5年後の目標、10年後の明確な目標を立てて、そこから逆算して今何をすべきかを考え、綿密な行動計画を立てていくのである。が社会変動が激しく先行き不透明な現在では、この綿密な行動計画はできるだけ短期に、具体的には1年以内と考えるべきだ。短期アクションプランの具体例をあげてみよう。

〈大学生のケーススタディ〉

「某私立大学2年生男子学生A君（20歳）のケース」

　成りたい自分は、生徒から信頼と人気を集める、野球部顧問の首都圏私立高校の体育教師である。

　本人は、高校教師の免許を取るための教職科目を履修中である。その彼の夢の実現のためのキャリアプランは、次のようなものがあげられる。

　　a．首都圏にある私立高校は、どのようなものがあるのかを知る。
　　b．自分の大学の先輩たちで、それらの私立高校の教師になっている人たちを調べる。
　　c．その先輩たちとコンタクトをとり、情報を集めつつ、関係を作っていく。
　　d．その高校での教員採用状況を調査し、採用の決め手は何かを探る。
　　e．高校の教育理念に共鳴できるかどうか、自分の教育への考えとが合致しているか確認する。
　　f．筆記試験に今から備えるため、時事問題に精通しておく。

　以上のようにたくさんあがったプランを、実際に達成するための行動計画、すなわちアクションプランを作成する。たとえばこの1か月の行動計画を立てるとしよう。この行動計画は、①期間（いつまでに）と②実行内容（何を達成するのか）の2つの項目を、より具体的に記述するのが大切である。

　これも、A君のケースでみてみよう。

1か月のアクションプラン
　　a．東京都内の私立高校を調べ、リスト表を作成する。
　　b．その都内の私立高校の教諭で大学の先輩がいるかどうか調査する。
　　　・今所属する軟式野球部のOBにヒアリングを行う。
　　　・就職課に行って、就職者OB名簿から拾い出し、リストを作成する。
　　c．○○新聞を購読し、今月は経済欄が理解できるようにする。
　こういった具合に、短期のアクションプランを細かく作成し、一つひとつの
目標を達成するように記述するのである。

　自分のライフプラン **Work 7** 、キャリアプラン **Work 8** 、アクションプ
ラン **Work 9** を作ってみよう。

（4）キャリアゴールの設定

　最終的な「成りたい自分」の具体的な姿である。またどんな自分であれば最
も満足するのか、最高に満足できる未来の自分、自己実現した姿、ともいって
よい。すなわち夢や憧れがまさに現実化したシーンであり、それをイメージし、
それが実現することを信じて強い願望と意欲と態度を喚起するものである。
　変化の激しい今、将来の見通しが不透明な状態であり、キャリアゴールの設
定はなかなか難しくなっているが、それを試みる意義は大きい。信じる力、す
なわち信念は大きなパワーとなる。その実現を信じ続け、キャリアの方向を意
識するからこそ、チャンスにも気づくことができるのである。
　なぜなら、夢が実現したときを想像すると、わくわくするはずだし、元気に
もなるからだ。また、キャリアの方向を意識していると今まで気がつかなかっ
たことにも目がとまるようになり、チャンスを得ることができる。ケースで学
んでみよう。

〈偶然を生かせる人のケーススタディ〉

　たとえば旅行をする場合、行き先を意識するのとしないとでは、その行路に
は決定的な差が出てくる。北海道の富良野へ仲間とヒッチハイクで行こうとす
るとしよう。彼らが、関東のある駐車場で、たまたま札幌ナンバーのトラック
を目にしたら、そのためのアクションを起こすだろう。たとえば、近づいていっ
て話しかける。そうして、うまく親しくなれたら、北海道まで乗せてもらえる

話になっていくかもしれない。

　これが意識せずに、どこへ行こうとしているのかもわからない場合は、札幌ナンバーの車を目にしても、何もことは起こさないだろう。チャンスが目の前にきても、それは素通りしていくに違いない。

　このように、意識する心、キャリアの方向を明確につかんでいると、偶然の出来事も、自分のキャリア形成のチャンスとなり、支援材料にしていくことができる。

①　キャリアデザインの修正・変更

　キャリアは生きることそのものであり、行動や実践を通してキャリアは、常に開発され続ける。また行動し体験したことを通じて、気づきや洞察が生まれ、キャリア発達も促進される。若者のキャリア開発は特にそうである。さまざまな経験を通して、成りたい自分が明確化し、修正・変更されていくのである。

　キャリアデザインも、行動や体験する中からはっきりしてくる。行動しながら、アクションプランやキャリアゴールの中味に関して、明確化⇒実践評価⇒修正・変更の循環が起こる。行動や実践を振り返るたびに、自分がより納得できる内容になるよう、常に修正や変更されていくのが望ましい。

②　信じる心、実現を熱望する心

　キャリアビジョンやキャリアゴールを信じ続けることは、何よりキャリアデザインを現実の形にしていくために、最も大事な要素である。未来の自分を信じ、キャリアゴールの方向を目指して日々の仕事に打ち込んでいれば、その人が望むキャリアが実現していくのである。

　キャリアデザインの核心は、やはり憧れや夢だ。こう成りたいという強い願望である。そういうものが個人に生まれてこない限り、いくらキャリアをデザインしようにも無理である。

　Boys be ambitious！（青年よ大志を抱け！）である。人は自分が発想した人間以上にはなれない。また、人はその人が「これが自分だ」と思った人になるし、そういう行動をとるものである。

Work 7 「ライフプランを作ろう」

生涯のライフプランを立ててみよう。

年齢	プライベート (家庭生活・余暇)	職業生活	生涯学習	社会参加
	人生を豊かにするための趣味や重視したい家庭生活	設計の基盤をどうするか、職業人としての夢や目標は	自分の可能性を広げたり、高めたりする学びをどうするか	社会の地域の一員として活動にどのように関わっていくか
	結婚、出産、不動産購入、趣味、スポーツ	就職、転職、昇進、独立など	進学、スキルアップ、○○教室	ボランティア活動、地域自治活動、PTA活動

Work 8 「キャリアプランを作ろう」

職業生活の中で自分がイメージするキャリアプランを考えてみよう。

年齢	仕事上の目標 仕事の上でも当面の目標をあげる	職業生活 職場での地位や役職について	生涯学習 資格や免許取得のプランと将来展望	社会参加 転職や独立する時期、起業の予定など
	営業トップ	就職、昇進、部長など	建築士、簿記検定	転職、独立、起業

Work 9 「アクションプランを作ろう」

職業生活の中で自分がイメージするキャリアプランを考えてみよう。

月	自分の活動	課題・目標
例3月	エントリーシートの作成	自分の長所を生かした自己PRを書く

Work 10 「成りたい自分のデッサン」

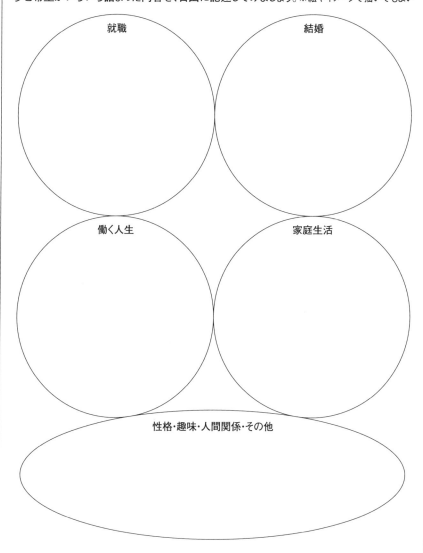

成りたい自分のデッサン

以下の5つの将来の項目について、「こう成りたい」「こう成るといいな」という思いを込め、夢と希望がいろいろ詰まった内容を、自由に記述してみましょう。※絵やイメージで描いてもよい

就職

結婚

働く人生

家庭生活

性格・趣味・人間関係・その他

■参考文献

「キャリア・ダイナミックス」E.H.シャイン（Schein）、二村敏子／三善勝代訳、白桃書房、1991

「Transitions トランジション（人生の転機）」W.ブリッジス（Bridges）、倉光修／小林哲郎訳、創元社、1994

「キャリアの心理学」渡辺三枝子編、ナカニシヤ出版、2003

「スローキャリア」高橋俊介、PHP研究所、2004

「働くひとのためのキャリアデザイン」金井壽宏、PHP研究所、2002

「日本社会とは何か」濱口恵俊、日本放送出版協会、1998

「キャリア教育入門」三村隆男、実業之日本社、2004

　次ページで、ある若者のキャリアデザイン例を紹介する。

私のキャリアデザイン

　小学校から高校までの自分自身を振り返ってみると、人見知りが激しく、どこか浮いた存在だった。自分の特徴は実技・芸術科目は苦手だったが、鉄道やバスに大変詳しかったことだ。そのおかげで遠足や社会科見学、修学旅行では頼りにされた。自由行動では、全クラスの行動計画をチェックしてアドバイスした。いくら努力しても伸びないことがある一方、努力と思わなくてもできてしまうこともあると気づいた。

　高校を卒業してからは郵便局で働いた。元来、集団の中で仕事をすることが苦手だった私だが、気がつくと多くの方と関われるようになっていた。しかし、もっと人と接する仕事をしたいと思い、退職した。その後大学へ進学し、卒業後いきなり経験したこともない仕事に就くことは、不安だった。そんなとき、ヤングジョブスポットという存在を知り、そこでアテンダントに出会ったことから、自分もアテンダントを体験してから、求職活動を再開しようと決めた。

　最初は、人見知りが激しかった。しかし、苦手な接客業務の仕事を選んだ初心を思い起こし、もう一度トライしてみようという気持ちに変わった。今では緊張を楽しみに置き換えられ、少しぐらい話が詰まり、いい違えても気にしないようになった。

　さらに就労支援の研究会に参加してみた。最初は落ちつかなかった。そのうち、雰囲気に慣れてきて、自分から先に名刺を差し出せるようになった。これで自信がつき、今度は異業種交流会に参加した。時間が経つにつれ、自然に喋っている自分がいた。そこで気づいたのは、別に話が詰まっても相手は怒らないということ。たぶん「間違えたらどうしよう」とか「自分に興味がない話を聞いても無駄」と、思い込んでいたのかもしれない。また年配者と話すことが多くなったおかげで、話題が豊富になった。生き方のモデルになる方々に出逢えたことも大きい。「どうしてそんな情報を知ってるの？」「田中さんに教えて頂いたおかげで、助かった！」などといわれ、自分には情報を収集・分析し、提供していける強みがあることに気づいた。

　私は自分の得意分野で、多くの方々から必要とされ続ける人材であり続けたい。その役割を全うできるキャリアを形成し続けていくことが、私のキャリアデザインだと思うようになった。　　　　　　田中　秀幸（25歳）

第6章
就職活動に臨む

● ねらい ●

　この章では、就職活動の進め方について基本を学ぶ。

　今まで行った「自己分析」と「職業理解」をもとに、次はさまざまな情報を集め、アドバイスを得つつ意思決定をし、行動するステップに進もう。

　就職活動に不安を感じることもあるだろうが、最新の正しい情報を得、基本を押さえて対策を立てよう。

　企業が求める人材像、採用活動、就職活動の流れ、採用選考の手順、エントリーシート、面接、就職活動のアクションプラン等を押さえていこう。

　迷ったり、わからなくなることが出てきたときは、あわてず、前のステップに戻って確かめてみよう。また、うまくいかないときには、1人で悩まないで早めに家族や友人、先輩、教職員等に悩みを相談しよう。特に、プロとして就職を支援してくれる就職課（キャリアセンター）や、新卒応援ハローワーク等の就職支援機関を利用しよう。解決への道筋が開けるはずである。

　無事就職が内定した後は、入社するまでのことも意識しておこう。

　就職は新しいスタートである。ビジネスパーソンになってからが本番だ。将来にわたって、生き生きと仕事に取り組み、健康に職業生活を送るために、働くときに必要な法律関係の基本ポイントを押さえておこう。

　また、就職活動においても、職業生活においても、人間として生きていく上でつきもののストレスとストレス対策についても知っておこう。

企業の採用活動と求められる人材像

　企業の採用活動の傾向、どんな人材が求められるかをデータによって確認してみよう。就職活動に先立ち、学生生活をどのように充実させ、社会人・職業人としての意識や必要な行動をどのように身につけていくかをよく考えよう。

　2015年以降、採用選考スケジュールが変更を重ねているので、情報をチェックし、早めに対策を立てていくことが必要である。

1．採用の量と質

　少子高齢化により15〜64歳の生産年齢人口は1995年をピークに減少に転じ、団塊世代は65歳を超え、人手不足が進んできている。今後の人事戦略として、人的能力の向上が最重要視されている。かつては企業内で若年者を教育訓練し、職業人として、社会人として育て上げるものであった。しかし現在では、企業は厳しい環境下で、若年者の育成に資金や人手をかける余裕がないこと等により、若者自身のキャリア形成能力が問われるようになって、質への評価が厳しくなっている。

■大学生の就職率上昇と採用数の増加

　2010年をボトムに採用数が増加し、2019年4月1日時点で大学生の就職率（就職希望者のうち実際に仕事に就いた学生の割合）は97.6％で、過去最高だった2018年春（98.0％）に次ぐ水準だった。

　2018年文部科学省の「学校基本調査（速報）」によると、大学卒業生約56万5,000人のうち、77.1％にあたる約43万6,000人が就職し、リーマン・ショック前の2008年（69.9％）を大幅に上回った。この就職率は、全卒業生のうち就職した学生の割合を示す。文部科学省は「景気回復と雇用環境の改善で、就職を選択する学生が増えている」と分析している。進学も就職もしなかった人は約3万9,000人（同7.0％）で、前年を下回った。

　2019年卒の就職は売り手市場であった。2020年度の民間企業の新卒採用見通し（大学生・大学院生）について、「採用見通し調査」（リクルートワークス研究所、2018年12月4,691社調査）によると、新卒採用はさらに増加の見通しで

ある。「増える」が13.8%、「減る」が5.9%で（+7.9%ポイント）、9年連続で「増える」が「減る」を上回っている。特に流通業とサービス・情報業などが高い。女性比率を前年より高める企業は16.6%。特に、建設業（22.2%）、機械器具製造業（22.1%）などが積極的である。

2. 採用選考時期の変更と多様化

　新卒者の採用方法は柔軟化が進み、「春定期採用」が依然多いものの、「夏・秋採用」「通年採用」が増えている。

　就職活動スケジュールは、経団連（一般社団法人日本経済団体連合会）が「採用選考に関する指針」にて、2020年卒業者までは、大学3年生の3月広報解禁、4年生の6月面接などの選考開始、10月正式内定と定めていたが、2018年秋に指針を廃止する方針が示されたため、政府主導で就職・採用活動ルールについて検討された。2022年卒業者については、現行のルールを維持することを決め、順守するよう経済団体・業界団体に対し要請する。2023年以降の卒業者については、年度ごとにあらためて検討、要請が行われる。これは政府や経団連の指針であり、業界や企業によりさまざまであるため、最新の確かな情報を収集したうえで、把握できたスケジュールに応じた準備や相談が必要である。また、インターンシップに参加するなど就活に有利になる過ごし方も大切である。

　選考方法について、書類選考では成績証明書、卒業（見込み）証明書のほか、履歴書、エントリーシート（応募用紙）の提出を求められることが多い。

　面接試験は「個人面接、集団面接、グループディスカッション」などがある。ものの見方や考え方、人物像など可能性を見極め、潜在的な能力を探り出していく。

　面接とともに行われる選考方法としては、能力・適性検査は過半数の企業が実施している。Webテスト（インターネット上で受検）は多くの企業で導入されている。総合能力検査、小論文・作文もよく行われる。また、最近は学生と直接接して、若手社員との面接、ディスカッション、グループワークを行う比重が増えている。さらにインターンシップ（最近増えているワンデイ・インターンシップを含む）を選考の一部として利用する企業が増えている。これらは就職前のイメージと実態のミスマッチを埋めることにも役立っている。

3. 採用の際、重視する項目

■「潜在能力か即戦力か」

　企業が採用時、大卒者に求める能力を調査したところ、約6割が「潜在能力（ポテンシャル）重視」と回答し、「即戦力重視」は1割強にとどまった。つまり、採用の時点で学生に何ができるか（＝即戦力）ではなく、入社後にどれだけ成長が期待できそうか（＝ポテンシャル）という観点から評価している。能力要素についての重視度は、（1）「社会人としての常識・マナー」、（2）「チームワーク力」、（3）「自己管理力」、（4）「問題解決力」、（5）「リーダーシップ力」であった。

　企業は大卒者に、成長可能性と、その具体的な能力として業界や職種によらない"汎用性のあるソフトスキル"を求めている（2008年9〜10月、577社へのアンケート。平成20年度文部科学省委託「社員採用時の学力評価に関する調査」Benesse教育研究開発センター）。

■企業の「求める人材像」〜「社会人基礎力」との関係

　企業が選考時に重視する要素について、「新卒採用（2019年4月入社対象）に関するアンケート調査結果」（一般社団法人日本経済団体連合会：2018年11月報告）によると、「社会人基礎力」が重視されている。「コミュニケーション能力」が16年連続で1位となり、2位は「主体性」、3位は「チャレンジ精神」となった。「協調性」「誠実性」を含めた、上位5項目に順位の変動はなかった（図6−1）。

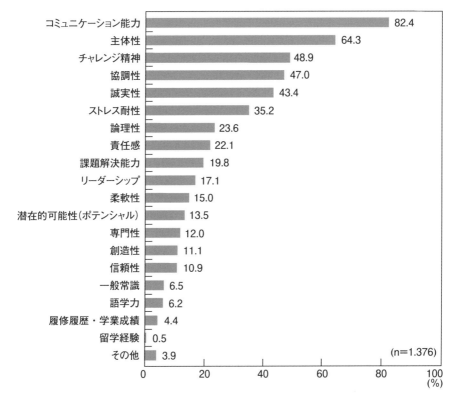

((一社) 日本経済団体連合会「新卒採用 (2019年4月入社対象) に関するアンケート調査結果」2018)

図6－1　選考にあたって特に重視した点（5つ選択）

■社会人基礎力

　「社会人基礎力」とは「職場や地域社会の中で多様な人々とともに仕事を行っていく上で必要な基礎的な能力」のことであり、①考え抜く力、②前に踏み出す力、③チームで働く力の3つの能力から構成される（経済産業省「社会人基礎力研究会」の定義に基づく。表6－1）。

表6－1　社会人基礎力の12の能力要素

分　類	能力要素	内　容
前に踏み出す力（アクション）	主体性	物事に進んで取り組む力 例）指示を待つのではなく、自らやるべきことをみつけて積極的に取り組む。
	働きかけ力	他人に働きかけ巻き込む力 例）「やろうじゃないか」と呼びかけ、目的に向かって周囲の人々を動かしていく。
	実行力	目的を設定し確実に行動する力 例）いわれたことをやるだけでなく自ら目標を設定し、失敗を恐れず行動に移し、粘り強く取り組む。
考え抜く力（シンキング）	課題発見力	現状を分析し目的や課題を明らかにする力 例）目標に向かって、自ら「ここに問題があり、解決が必要だ」と提案する。
	計画力	課題の解決に向けたプロセスを明らかにし準備する力 例）課題の解決に向けた複数のプロセスを明確にし、「その中で最善のものは何か」を検討し、それに向けた準備をする。
	創造力	新しい価値を生み出す力 例）既存の発想にとらわれず、課題に対して新しい解決方法を考える。
チームで働く力（チームワーク）	発信力	自分の意見をわかりやすく伝える力 例）自分の意見をわかりやすく整理した上で、相手に理解してもらうように的確に伝える。
	傾聴力	相手の意見を丁寧に聴く力 例）相手の話しやすい環境をつくり、適切なタイミングで質問するなど相手の意見を引き出す。
	柔軟性	意見の違いや立場の違いを理解する力 例）自分のルールややり方に固執するのではなく、相手の意見や立場を尊重し理解する。
	情況把握力	自分と周囲の人々や物事との関係性を理解する力 例）チームで仕事をするとき、自分がどのような役割を果たすべきかを理解する。
	規律性	社会のルールや人との約束を守る力 例）状況に応じて、社会のルールに則って自らの発言や行動を適切に律する。
	ストレスコントロール力	ストレスの発生源に対応する力 例）ストレスを感じることがあっても、成長の機会だとポジティブにとらえて肩の力を抜いて対応する。

就職活動に臨む

1. 就職活動に臨む

　就職活動のプロセスをつかんで、どの時期に何をするか把握しておこう（図6-2）。もしスタートが遅くなっても、あせらず今できることから始めよう。活動期間が長いので、学業とのバランスをとること、体力、気力、健康管理に気をつけよう。

■就職活動の流れ

　就職活動の流れをよく確認しよう。そして、学校の就職活動支援、企業の採用活動と、自分が何をするか、どう動くか計画を立てよう。

2. 就職支援・キャリア形成支援をどこで受けるか

（1）大学・短大・専門学校等

　① キャリアセンター・就職課

　　最近はどの学校も総合的なキャリア形成支援を積極的に行うようになっている。キャリアデザインのための学科はまだ少数だが、キャリアデザインのための講座などは低学年から利用できることが多い。

　　まずは自分の学校のサービス内容を調べよう。そして、学校で行われるガイダンスや企業説明会などにきちんと参加することからスタートする。また、キャリアセンターの職員はプロである。何事も真っ先に相談しよう。職員との人間関係を作っておくことも大切である。たとえば、求人情報も、その学校を指定した独自の情報を持っている場合もある。就職活動の最初で何から手をつけていいかわからないときも、内定がなかなか決まらなくて困ったときも、相談してみよう。

　　キャリアセンターでは、求人票の公開のほか、就職支援の各種ガイダンスやセミナーが学年別や目的別に行われている。就職相談、履歴書やエントリーシートの添削、模擬面接指導やキャリア選択の悩み相談ができる。電話相談やメール相談に対応している場合もある。就職関係の各種情報資料も整備されている。インターネットも利用でき、企業情報や職業情報、

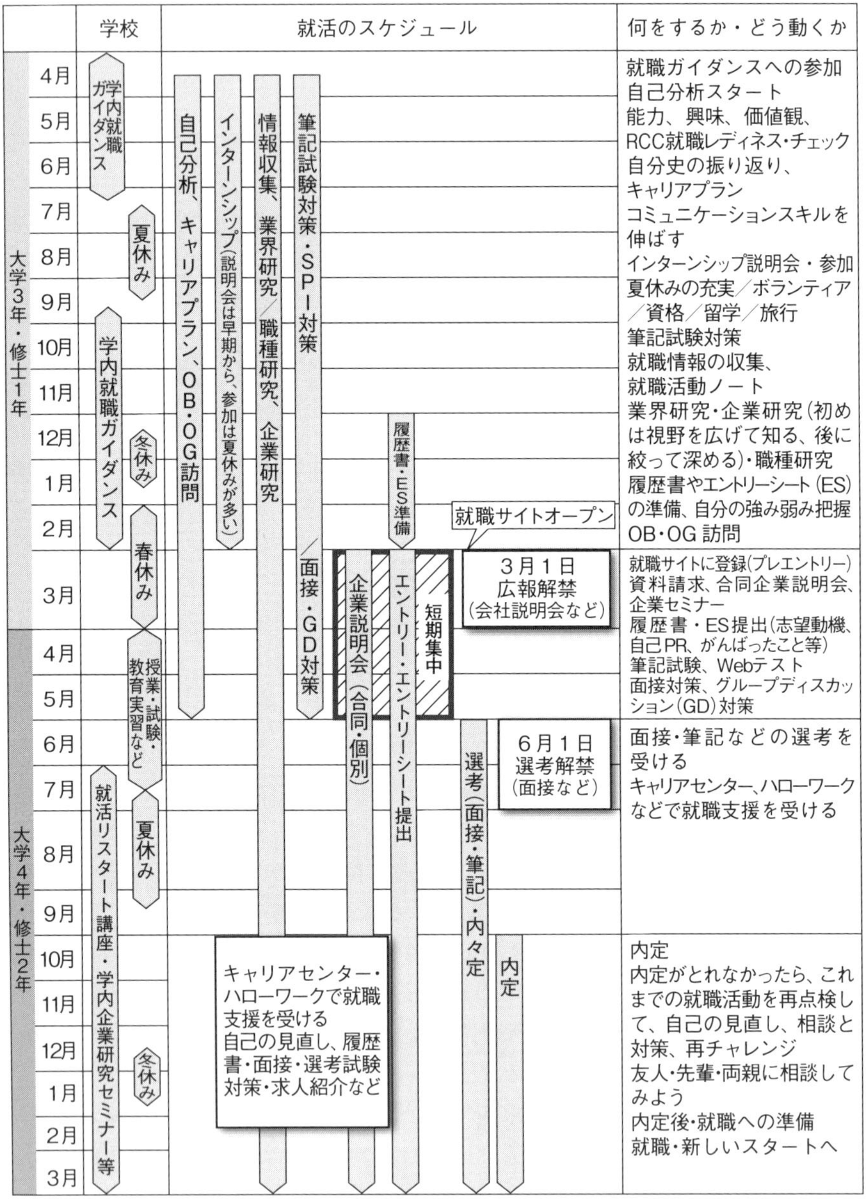

図6－2　就職活動のプロセス

		学校	就活のスケジュール	何をするか・どう動くか
大学3年・修士1年	4月	学内就職ガイダンス	自己分析、キャリアプラン、OB・OG訪問／インターンシップ（説明会は早期から、参加は夏休みが多い）／情報収集、業界研究、職種研究、企業研究／筆記試験対策・SPI対策	就職ガイダンスへの参加 自己分析スタート
	5月			能力、興味、価値観、RCC就職レディネス・チェック
	6月			自分史の振り返り、
	7月	夏休み		キャリアプラン コミュニケーションスキルを伸ばす
	8月			インターンシップ説明会・参加
	9月			夏休みの充実／ボランティア ／資格／留学／旅行
	10月	学内就職ガイダンス		筆記試験対策 就職情報の収集、 就職活動ノート
	11月			業界研究・企業研究（初めは視野を広げて知る、後に絞って深める）・職種研究
	12月	冬休み	履歴書・ES準備	
	1月		面接・GD対策	履歴書やエントリーシート（ES）の準備、自分の強み弱み把握 OB・OG訪問
	2月	春休み		就職サイトオープン
	3月		企業説明会（合同・個別）／エントリー・エントリーシート提出／短期集中	3月1日 広報解禁（会社説明会など）	就職サイトに登録（プレエントリー） 資料請求、合同企業説明会、企業セミナー
大学4年・修士2年	4月	授業・試験・教育実習など		履歴書・ES提出（志望動機、自己PR、がんばったこと等） 筆記試験、Webテスト 面接対策、グループディスカッション（GD）対策
	5月			
	6月		選考（面接・筆記）・内々定	6月1日 選考解禁（面接など）	面接・筆記などの選考を受ける キャリアセンター、ハローワークなどで就職支援を受ける
	7月	就活リスタート講座・学内企業研究セミナー等		
	8月	夏休み		
	9月			
	10月		キャリアセンター・ハローワークで就職支援を受ける 自己の見直し、履歴書・面接・選考試験対策・求人紹介など	内定	内定 内定がとれなかったら、これまでの就職活動を再点検して、自己の見直し、相談と対策、再チャレンジ
	11月			
	12月	冬休み		友人・先輩・両親に相談してみよう
	1月			
	2月			内定後・就職への準備
	3月			就職・新しいスタートへ

＊毎年度、就職・採用活動の日程は検討されるので、最新の情報を入手しましょう。

図6－2　就職活動のプロセス

公務員試験や資格試験に関する書籍、雑誌、新聞、就職関連の外部のセミナー案内なども充実している。

② 資格がとれる講座等

　資格がとれる講座等を持つ学校も増えている。司法書士、宅地建物取引主任者、英語検定、公務員試検、TOEICなどの対策講座がある。非常にきめ細かなサポートをしてくれるので、大いに活用しよう。

③ 学校図書館

　学校図書館にはほとんどの場合、日本団体名鑑、外国会社要覧、人事興信録などの企業情報、各種年鑑、白書、経済専門雑誌、新聞、などの職業関連情報がそろっているので、チェックしておくこと。

（2）新卒応援ハローワーク・わかものハローワーク

① 新卒者・既卒者支援（新卒応援ハローワーク）

　大学院・大学・短大・専門学校等の学生や卒業後3年以内の既卒者の就職活動を総合的に支援する「新卒応援ハローワーク」が全国にある（障害をもつ学生へのサポートもしている）。

https://www.mhlw.go.jp/stf/seisakunitsuite/bunya/0000132220.html

　全国の求人情報や企業資料の公開だけでなく、キャリア相談、就職支援セミナー、スキルアップ講座、臨床心理士による面談などいろいろな内容がある。

　未内定就活生への集中支援としては、ジョブサポーター（専門相談員）による個別相談やエントリーシート・面接指導、中小・中堅企業を中心とした合同就職面接会、無料の職業訓練情報、スキルアップの機会の提供などで就職を支援している。

　「大卒等就職情報WEB提供サービス」（http://job.gakusei.go.jp/）では、新卒応援ハローワーク等を利用している人がクラブ会員に登録しておくと、イベント情報が届く。また求職者情報を公開すれば会社からリクエストが届き、企業にエントリーすることもできる（利用料無料）。求人情報は豊富にあるので、内定がとれなくてもあきらめず、公的機関を利用しよう。

② 正規雇用を目指す若者の支援（わかものハローワーク、若者支援コーナー）

　正規雇用を目指す若者の支援としては、わかものハローワーク（若者支

援コーナー）などがある。求人情報の閲覧、職業相談・職業紹介、職業適性診断、カウンセリング、就職活動に有効な各種セミナーなどのメニューがある。グループワークのダイナミクスを活用して「ジョブクラブ」を実施し、成果を上げているところもある。

◯厚生労働省若年者雇用対策
https://www.mhlw.go.jp/stf/seisakunitsuite/bunya/koyou_roudou/koyou/jakunen/index.html

（3）ジョブカフェ

　各都道府県が行っている事業で、若者が気軽に仕事探しができるような「若年者のためのワンストップサービスセンター」。ハローワークに併設されている場合もある。各地域の特色を生かして就職セミナーや職場体験、カウンセリングや職業相談、職業紹介などさまざまなサービスを行っている。また、保護者向けのセミナーも実施している。

厚生労働省のページ：https://www.mhlw.go.jp/stf/seisakunitsuite/bunya/koyou_roudou/koyou/jakunen/ jobcafe.html

経済産業省のページ：https://www.meti.go.jp/policy/jobcafe/index.html

（4）その他（地方自治体によるサービス）

　都道府県や各市では、独自に就職支援、就労支援を行っているところもある。サービス内容はそれぞれ異なるが、一般に相談や情報提供機能を備えている。求人情報を提供する場合もある。学生に特化しているわけではないが、利用可能かチェックしよう。

　適性検査などを実施し、専門にキャリアカウンセリングを行う公的サービスは、ハローワークの一部と、都道府県では東京、愛知、大阪にある。

◯東京都：東京しごとセンター
https://www.tokyoshigoto.jp/
（専門相談・その他サービス　職業適性検査・相談）

◯愛知県：あいち労働総合支援フロア　職業適性相談コーナー
http://rodoshien-aichi.jp/tekisei/

◯大阪府：OSAKAしごとフィールド
https://shigotofield.jp/

「職業カウンセリングコーナー」は2015年7月に廃止され、ホームページも終了したため、ネットでできる興味検査も終了した。なお、就職支援、キャリアカウンセリング等はしごとフィールドで行っている。

3. 卒業したらどこで相談するか

諸事情があって卒業までに就職先が決まらないこともあるだろう。決まるに越したことはないが、決まらなければ終わりだと思い悩まなくても大丈夫である。

① 大学・短大・専門学校

ほとんどの場合、卒業後3年程度のサポートをしているので、まず相談してみよう。

② ハローワーク

一般のハローワークのほか、159〜160頁で紹介した新卒応援ハローワーク・わかものハローワーク、ジョブカフェなどが利用できる。企業は厳選採用を強めているが、その分必要な人材がとれなければ、新卒の採用活動が終わった時期は求人が出てくることも多い。あきらめずにチャレンジしよう。

③ 地域若者サポートステーション

愛称「サポステ」。働くことに悩みを抱えている15〜39歳の若者が就労に向かえるよう、多様な支援サービスを行う。キャリアコンサルタントによる相談、コミュニケーション訓練、パソコン講座、就活セミナー、職場体験、地域イベントへの参加など、地域の支援団体とも連携してさまざまなプログラムを行う。地域若者サポートステーションの運営は、厚生労働省からの委託を受けて、若者支援の実績やノウハウのあるNPO法人、株式会社などが実施しており、全国に約177か所設置されている。
https://saposute-net.mhlw.go.jp/

就職活動の流れ

1. キャリア形成の6ステップの確認

就職活動は、単に企業を決め仕事に就くといった出口をみつける作業ではない。自分と向き合い、内省し、情報を集め、将来どのようにキャリアを形成していくかについて考え、かつ行動することである。したがって、短期的な視野に立つのではなく、将来にわたって自分の目指すゴールはどこなのか、自分のやりたいことは何か、どんな人生にしたいのか、といったことを考えねばならない。自分の適性、能力、価値観を意識しつつも、将来をすべて予測できるわけではないので、それらにとらわれすぎず、柔軟に動くことも求められる。

自分なりのキャリア形成を成功させるには表6-2に示された6ステップを

表6-2　キャリア形成の6ステップ確認表

ステップ	内　容	するべきこと	あなたの現状と課題
1 自己理解	進路や職業・職務、キャリア形成について「自分自身」を理解する。	能力や適性の棚卸し 自分の興味分野の理解 特性把握	
2 仕事理解	進路や職業・職務、キャリアパスの種類と内容を理解する。	職業や職務、業界、企業情報の収集と自分の興味・適性・能力の検討	
3 啓発的経験	キャリアの選択や意思決定の前に、体験してみる。	職場見学、インターンシップ・職業人インタビュー・OJTなど	
4 キャリアの選択	ステップ1から3までの相談を経て、選択肢の中からキャリアを選択する。	キャリア形成に関する意思決定。目標・ゴールを決める。	
5 方策の実行	仕事、就職、進学、キャリアパスの選択、能力開発の方向など、意思決定したことを実行する。	ステップ4で意思決定したことを行動に移す。応募する、受検、面接を受ける。	
6 仕事への適応	それまでの相談を評価し、新しい職務等への適応を行う。	新しい職場等に適応する。新しい課題に取り組む。	

確実に踏むことがポイントである。

　6ステップはこの順に進む場合もあるが、順序が変わったり、行ったり戻ったりすることもある。確認表に、あなたの現状や気になることなどを書き込んで、現状や課題を確認してみよう。

　ステップのうち、特に「自己理解（自己分析）」に時間をかけて取り組みたい。実は、就職活動が起こせない学生や、就職活動半ばでつまずいて相談に来る学生は、「自己理解」が不十分なままの者が多い。したがって、自らの「自己理解」「仕事理解」をしっかり行い、「意思決定」を重ねて「キャリアの選択」を実行していくことに、着実に取り組むことが大切である。

　自己理解には、第2章第3節「チャレンジ自己分析」および第5章のWork 1 ～ Work10を実施して、参考にするとよい。

2.　就職活動

（1）アクションプラン・就職活動ノート・企業研究ノート

　おおまかな「就職活動のアクションプラン」（表6－3）を立てよう。また、就職活動では情報収集、スケジュール管理が欠かせない。「就職活動ノート」を作るとよい。「企業研究ノート」（表6－4）も作っておく。

① 　情報収集：新聞、テレビ、就職情報サイト、その他インターネット、企業訪問等、膨大な情報から自分が必要とする情報をピックアップし、整理する。

② 　活動スケジュール管理：授業、教育実習、就職関連行事、アルバイトなどを一元管理する。企業の選考が重なる時期はハードスケジュールになる。ダブルブッキングなどがないようにする。まずは自分の時間の使い方を見直し、むだをなくそう。

③ 　資料請求、メール送付一覧表

④ 　企業の採用窓口、URL管理

⑤ 　選考の記録・反省：面接で企業から受けた質問と回答、会社訪問の印象、会社説明会の内容、活動の反省点などを記録し、次のステップに効果的につなげる。

⑥ 　企業研究ノート：企業の基本的な情報はホームページの会社概要等をみて書き写す。加えて、活動データ（スケジュール）と内容、仕事の内容、情報切り抜き、OB・OGリストなど。

■就職活動のアクションプラン

　就職活動の具体的活動（アクションプラン）を立てる。この時点で就きたい仕事や会社、組織がはっきりしているとプランが立てやすい（表6－3）。

　「就職活動のプロセス」（図6－2）を参考に、アクションプランを作成する。第5章146頁 Work 9「アクションプランを作ろう」で作成してみよう。

（2）応募（エントリー）

　企業への応募にはエントリー登録が必要である。これは企業が、応募する学生についての情報を、前もって幅広く入手するためである。分類や一定の選考

表6－3　就職活動のアクションプラン（例）

3年・M1／4月	5月	6月～7月中旬	夏休み（7月下旬～9月）	9月下旬～10月	11月～12月
・春学期開始 ・学内就職ガイダンス参加 ・卒業後の進路について考え、就職への準備開始 ・自己分析開始	・就活セミナー参加 ・RCC就職レディネス・チェックを受けて、強みと課題を知る ・業界や職種について情報収集開始 ・インターンシップガイダンス参加	・就職サイトプレオープンにエントリー ・インターンシップ応募 ・就活準備講座参加 ・春学期試験	・インターンシップ参加 ・チャレンジと課題解決（ボランティア/留学/旅行/資格取得等） ・夏休み就活講座参加 ・筆記試験、小論文対策、SPI対策等	・秋学期開始 ・就職ガイダンス（学内・学外）参加 ・業界研究開始 ・教員採用試験対策講座 ・TOEIC対策講座等を受講	・就活模擬試験受験 ・OB・OG懇談会参加 ・業界研究セミナー、企業研究セミナー参加 ・冬期インターンシップ参加 ・スーツ・靴・鞄購入

12月下旬～2月	3月	4年・M2／4月～5月	6月～9月	10月以降
・秋学期試験 ・冬休み・春休みインターンシップ参加 ・応募準備（履歴書・ES作成、就活講座・業界研究・企業研究） ・OB・OG訪問 ・筆記試験、Web試験適性試験などの対策	・広報解禁 ・就職情報サイト登録 ・エントリー開始（履歴書、ES提出） ・学内、学外合同企業説明会参加 ・模擬面接、グループディスカッション対策に参加	・春学期開始 ・授業・卒論・教育実習等と並行して就職活動 ・合同企業説明会、個別企業説明会参加 ・エントリーシート作成・提出のピーク ・卒論準備開始	・採用選考開始 ・採用試験を集中受験（求人票検討、履歴書、ES提出、筆記試験、面接試験、グループディスカッション等） ・内々定が出始める。リスタート講座に参加 ・キャリアセンター等に相談、見直し卒論他学業との両立、体調管理に注意	・正式内定が出始める ・内定が出るまであきらめず、キャリアセンター、新卒応援ハローワーク等で相談する ・卒論に取り組み、完成させる

＊この表はあくまでも一例なので、とらわれすぎないこと。

1	会社名	作成日　　年　　月　　日
	社長名	希望する理由
	ＨＰ	
2	業種・事業内容の特徴	
	企業理念	
3	希望の仕事内容・職種	適性とのマッチング
4	所在地	興味、能力、性格、価値観
	住所　〒	
	電話	
	最寄り駅	
	支店、支社数	説明会での情報、感じたこと、
5	人事担当者	プラス面や問題点
6	業績：資本金　　　年商　　　　株価	
	従業員数	
7	労働条件：勤務時間　　　初任給	
8	採用実績	
9	提出書類 （履歴書、成績証明書、卒業見込書、 健康診断書、資格証明書）	ワークライフバランス （働きやすさ、育児や介護休業、 　休暇の取りやすさ、希望配転な ど）
10	その他　社風、国際性、女性の働きや すさ・活躍度（育児や介護休業、管理 職登用、勤続年数など）、教育訓練など	

基準となる場合もある。一般に、企業のホームページ、または就職情報サイトからエントリーする。それ以外の応募方法では、Eメール、官製葉書、封書、電話などがあり、エントリー登録が会社説明会への予約を兼ねている場合がある。エントリー開始時期は3年生・M1生の3月からである（2020年現在）。

最近は、膨大な応募者を公平に選考するために、エントリー段階の小論文や課題を課す企業が増えている。それとともに、Webテストが実施される場合が増えている。Webテストは、基本的な能力（言語、非言語）や性格などをみている。受験形態も多様になり、企業、自宅、テストセンターなどで受けられる。また、エントリーシート選考との区別がつきにくくなっている。エントリーシート提出時に要求する課題や論文、時事問題をテストとみるかどうかである。そのあたりを含んで、筆記試験は、7割の企業で実施されている。

① 履歴書とエントリーシート

　履歴書やエントリーシートは、選考や面接の段階で利用される。企業に自分自身をアピールし紹介する、いわば「分身」で、重要な「自分案内」である。注意したいのは、自分を粉飾したり、格好いいことだけを書いたりしないことである。面接においてつけ焼き刃ははがれる。きちんと説明のできるよう、自分の本音、事実や具体的行動の裏づけのあることを記述する。

・履歴書には、学歴、取得資格、学生時代の活動実績など、「今まで何をしてきたか」を記述する。エントリーシートには、人生観、職業観、会社との接点など、あなたが「体験を通じて何を学び、考えているか」を記述する。各企業が自由に質問を設定することができるので、逆にその企業が採用選考で重視しているポイントを知ることができる。

・履歴書は面接時の資料となり、写真の印象、学業、資格、クラブ活動などで評価される。エントリーシートは事前選考の資料となり、記入内容で評価される。

② 履歴書

〈履歴書記入のポイント〉

　a．履歴書は正式文書であるので、押印もする。指定の履歴書用紙を使うこと。記述は黒の万年筆、ボールペンで手書きする。文字の巧い下手ではなく、丁寧に正確に書くこと。間違ったら修正液は使わないで、新しい用紙に書き直す。コピーをとっておく。手書きが基本だが、パソコン

で作成してよい場合も増えている。

b．証明写真：写真による第一印象は重要である。写真のイメージによってその人の性格や雰囲気を評価される。写真館できちんと撮影してもらうほうがよい。大きさは縦36〜40㎜、横24〜30㎜が基準。白黒でもよい。少し微笑むような表情がよいだろう。身だしなみに注意し、面接時と同じように、きちんとしたスーツ、シャツ姿で、髪型や、女子であれば化粧にも気を配ること。写真の裏に名前、生年月日を記入する。

c．住所：番地やマンション名、部屋番号は正確に。下宿か、自宅かを明記する。連絡先の空欄に、携帯番号、Ｅメールアドレスを書いておく。

d．学歴：中学校入学から記入する。大学・短大・専門学校は、学部、学科、専攻も記入する。予備校は記入しない。専修学校は記入する。

e．職歴：二部の学生でアルバイトの場合は書かない。正社員のものを記入する。会社名は省略せずに書く。

f．卒業論文：どのような題材を研究していくかの予定でよい。

g．勉強以外で力を注いだこと：そこから何を学び、発見したのか、どう成長したのかを書く。

h．志望動機：漠然と「貴社の事業内容に魅力を感じて」ではなく、具体的にその企業ならではの業務内容、あるいは職種について、どこに魅力を感じたかを具体的に、簡潔に書く。

i．資格・特技：資格は正式名称、取得日を書く。数多く書くというより、（　）内に具体的に説明する。趣味も（　）で詳しく説明する。

j．私の特徴：長所や短所、セールスポイント、モットーなどを簡潔にまとめて書く。

k．本人希望欄：新卒では普通は希望職種程度にとどめる。特別の事情があり、勤務地の希望などがあるときは書く。

③　エントリーシート

エントリーシートのタイプは企業が利用する目的によって異なる。

a．履歴書タイプ：募集門戸が広く多くの学生のエントリーを期待する。氏名、住所、電話、Ｅメール、写真欄、学歴、資格・免許、志望理由、自己PR、卒業論文、ゼミナール、得意な科目、サークル活動、スポーツ・ボランティア活動、趣味・特技など。

b．設問に詳しく回答を求めるタイプ：応募段階で人数を絞り込もうとす

る。

　設問例：学生時代に力を入れたこと、人に負けないものは何か、当社
に貢献できること、当社の課題、これからの○○業界はどうあるべきか、
社会人として必要なことは何か。
　c．専門知識について具体的に答えるタイプ：学校で学んだ専攻や技術に
ついて、知識や能力をテストする設問がある。専門職や、職種別採用の
際に最低限の基礎学力を把握する場合。企業の開発する商品について必
要な技術開発をあげさせるなど。

（3）会社説明会

会社説明会を兼ねた採用のためのセミナーである。選考会は３月以降活発に
開催される。実質的な一次選考が行われる例が増えているので、準備をして参
加すること。
　①　合同企業説明会
　　・特定地域の合同企業説明会：地方自治体や新聞社などが主催する。Uターン希望者、その地域での就職希望者向き。
　　・第三者による合同企業説明会：就職情報誌、新聞社などが主催。企業ごとのブースを学生が回るもの。
　　・業界セミナー：同一業界の企業が開くセミナー。業界概要がわかる。業界志望者だけでなく、志望を決めていない場合、また、比較検討したい場合向き。
　②　個別の企業説明会
　　・予約の有無、定員などを確認しておくこと。訪問カードへの記入、集団面接まで行うことが多い。筆記試験を行う企業もある。
　③　会社説明会は企業を見分ける場でもある
　　・会社案内などに書いてあることと、説明に一貫性があるか。
　　・事業概要、仕事、制度などバランスよく説明しているか。偏っていないか。
　　・質問にきちんと答えているか。
　　・社員の態度はどうか。
　　・運営はきちんと行われているか。

（4）OB・OG訪問

・OB・OG訪問では直接働く人の本音を聞ける。いろいろな年代の人に会う
とよい。その会社で働く具体的なイメージが描けるように、1日の流れ、
職場の雰囲気、仕事や職場についての感想を聞こう。時間も限られている
ので、前もって質問リストを作っておくこと。面接のポイントなども聞く。
また、メモを取り、忘れないうちにまとめておく。

・アポイントを取ること。礼儀をわきまえて、節度をもってインタビューす
ること。必ずお礼の手紙かメールを出す。

（5）会社訪問・面接の身だしなみ・マナー

　就職活動においては、各場面で社会人としての基本行動ができるかどうかが
評価される。「中身＝内容や能力」だけでなく、「見た目＝表情、身だしなみや
立ち居振る舞い」は、重要である。特に初対面の人を判断するときに、与える
第一印象が良くないと、伝えたい内容すらきちんと認めてもらえないことにな
りかねない。個人的なお洒落や趣向でなく、誰もが好感を持てるものでなけれ
ばならない。社会人の身だしなみのポイントは「清潔感、機能的、控えめ」で
ある。身だしなみノウハウ、マナーサイトもさまざまあるので参考にしよう。

① 表情や態度

　　　自分の気持ちやアピールしたいことをより正確に伝えるために、言葉の
　　内容だけでなく、気迫や前向きの姿勢を持っていると、それは自然に表情
　　や態度にも現れて相手に伝わる。言語以外の表現を非言語表現（ボディラ
　　ンゲージ）という。特に顔の表情は気持ちや感情を敏感に表すものである。

　　　人が他人から受け取る情報の割合のうち、「話す言葉の内容」は7％。
　　残りは、「見た目、身だしなみ、仕草、表情」が55％、「声の質（高低）、
　　大きさ、テンポ」が38％といわれる。これは、言葉と非言語の発するメッ
　　セージがそれぞれ異なる、矛盾した情報に接したとき、言語、聴覚、視覚
　　のうち、何を優先するかを調べた実験の結果で、「メラビアンの法則」（ア
　　メリカの心理学者、アルバート・メラビアン）といわれる。

　　　豊かな表情、特に笑顔はコミュニケーションを円滑にする上で、ときに
　　言葉以上の大きな効果がある。言葉以外で伝える技術や力を磨こう。

② 身だしなみ（男子）

・清潔感と服が体に合っていること。手入れをしておくこと。

① **髪、メイク**：黒髪が基本。男性は耳にかからない短髪ですっきり、ひげもそって清潔に。女性は、清潔感と明るい印象を心がける。髪が長い場合はすっきりとまとめる。

② **スーツ**：濃紺、濃いグレー、黒。男性でシングル3つボタンは、上の2つだけとめる。2つボタンは上だけとめる。女性は2〜3つボタンのシングルが基本。スカートは膝丈。男性のズボンは折り目をしっかり。長さは足の甲に軽くかかる程度。

③ **シャツ、ブラウス**：男性は白が基本。女性の場合も白が基本だが、淡いブルーやピンクなどもよい。

④ **ネクタイ**：派手な色や柄は避けるようにする。

⑤ **かばん**：黒がよい。A4サイズ以上のしっかりしたもの。シンプルなデザインがよい。高価なものはだめ。

⑥ **つめ**：短く切っておく。女性は透明のマニキュア以外は避ける。

⑦ **足元（男性）**：黒、濃いグレー、紺の紳士用靴下。靴は黒のひも付きが無難。汚れは目立つので常に磨いておく。

⑧ **足元（女性）**：ストッキングは肌色。靴は黒でシンプルなプレーントウのパンプス。ヒールは3〜5センチで、歩き疲れないしっかりとしたものを。汚れや皮のめくれなどをチェック。

図6−3　身だしなみのポイント

・スーツは黒、紺、濃いグレーの定番、シャツは白が基本、靴は黒。しわや汚れのないように。

・姿勢を正しくして着こなすこと。

③　身だしなみ（女子）

・きちんとした感じ、健康的であること、清潔感を忘れない。

・ナチュラルで健康的なメイク。派手なメイクもノーメイクもよくない。髪の色は業界により、許される濃さが決まっているので要注意。

・全体のバランスを見る。自分に似合っているかどうか。

・大きな姿見でチェック（ヘアスタイル、化粧、服装、靴、持ち物、姿勢）

④　就職活動中に役立つアイテム

・かばんは、男女とも、B4かA4サイズの大きめのものを用意して、必要な書類他が1つに収まるようにする。床に置いたとき、立つかばんを選ぶ。

・履歴書、写真は予備を用意する。

・健康診断書、成績証明書、卒業見込証明書、資格証明書

・手帳、ボールペンや筆記具、クリアファイル

・就職対策ノート、企業研究ノート、会社案内

・学校で作成した作品やレジュメ

・折りたたみ傘

・地図、ミニ国語辞典や漢和辞典

・ハンカチ、ティッシュ、女子は化粧用具、ストッキングの替え

・携帯電話、時計

・印鑑、朱肉

（6）言葉遣い・挨拶・行動の一般常識

ビジネスの世界では、社会人としての最低限の行動が求められる。マナーを知らずに行動すると、それだけで非常識な人間と評価されかねない。

① 敬語・丁寧語

過剰な敬語を間違って使うよりも、丁寧語を話すようにする。何気なく使っている流行語や、若者にしか通用しない言葉を使わないようにする。「ら抜きことば」を避ける。

例：○見られる×見れる、○食べられる×食べれる

② 挨　拶

挨拶は重要である。コミュニケーションのスタートになり、相手に与える第一印象が決まってしまう。「失礼します」「おはようございます」「こんにちは」「こんばんは」「ありがとうございます」、自分からきちんといえるようにすること。慣れない人は、毎日鏡に自分の表情を映しながら、声に出して練習しよう。挨拶がうまくできると、自分にも自信がついて、後の会話もスムーズに運びやすくなる。挨拶のポイントは、

・大きな声で、笑顔で、さわやかに。

・相手と目線を合わせて。

・きびきびとした態度で、背筋を伸ばして。

③ 電話・メール・手紙の一般的使い分け

・電話：急ぎの用件のとき。状況によってこちらの対応を変える必要があるとき（遅刻、病欠の連絡）

・メール：時間的に余裕があるとき。問い合わせをしたり、決まった事柄を連絡するとき（企業から資料が届いたことを報告するなど）

表6－5　言葉遣いの基本的な表現

単語	尊敬語 (相手の動作や持ち物などにつけて尊敬の気持ちをあらわす)	謙譲語 (自分の動作などにつけて、自分がへりくだることで相手に尊敬の気持ちをあらわす)	丁寧語 (丁寧にいうときに、～です、～ます、～でございます、をつける)
会う	お会いになる	お目にかかる	会います
言う	言われる、おっしゃる	申す、申し上げる	言います
聞く	お聞きになる、聞かれる	伺う、承る、拝聴する、お聞きする	聞きます
いる	いらっしゃる、おいでになる	おる	います
知る	お知りになる、ご存じ	存じ上げる、存ずる	知っています
思う	思われる、お思いになる	存じ上げる、存ずる	思います
行く	いらっしゃる、行かれる	参る、伺う	行きます
する	なさる、される	いたす、させていただく	します
来る	いらっしゃる、おいでになる、お越しになる	参る、伺う	来ます
待つ	お待ちになる	待たせていただく	待ちます
もらう、受ける	もらわれる、お受けになる	いただく、頂戴する、賜る、お受けする	もらいます、受けます
見る	ご覧になる、見られる	見せていただく、拝見する	見ます

・手紙：時間的に余裕があるとき。相手に特に敬意の気持ちを示したいとき。就職に関するアドバイスをもらった先生や先輩に礼状を出すなど

④　電話のマナー

　　電話は声だけのコミュニケーションになる。相手の様子がみえない分、気配りが必要である。必ず相手の都合を聞いてから簡潔に正確に用件を伝えること。かける前に、必要なものをそろえておく。日頃から習慣にしておこう。

・時間帯を考える：午前10時～12時、午後2時～4時頃がよい。

・かける前にメモ、筆記具、資料などを準備し、質問事項をメモしておく。

・常に自分から名乗る：学校名、名前をはっきりと名乗る。

・必ず相手の都合を確認：忙しそうなら都合を聞いてかけ直す。

・簡潔に用件を伝える。相手の説明には「ええ、はい」などの応答をきちんという、言葉遣いに気をつける。

・大事な内容は復唱をして確認する。終わったら、お礼を述べて、相手が切ったのを確認して切る。

・留守の際の対応：就職活動中の会社名を書いておき、家族に対応してもらう。

⑤　メールのマナー（ポイント）

・手紙よりは、堅苦しくなくてよいが、最低限のルールを守る。送信前に必ず見直す。

・タイトルは内容を簡潔に表す。時候の挨拶などはなくてよい。氏名、住所、連絡先などは必ず入れる。

・書式はHTMLの形式ではなく、シンプルなテキスト形式にすること。

⑥　手紙のマナー

・公式な文書としての手紙は、書き方に決まりがあるので、気をつける。

・OB・OG訪問のお礼、面接のお礼など相手に謝意を表したいときは、メールより手紙を書くようにする。文字の上手下手ではなく、気持ちを込めて丁寧に書くこと。

・前文＋時候の挨拶：「拝啓」＋「初夏の候」「晩秋の候」など

・主文：手紙の用件を伝える主要な部分

・末文（結びの挨拶＋結語）：頭語に対応する「敬具」などを使う。

・後付：日付、署名、宛名を書く。

採用選考

1．筆記試験

　筆記試験は、能力や適性、性格を把握し、人数を絞り込む際に使われることが多い。主な筆記試験は、適性検査（能力面、性格面、作業ぶりなど）、基礎学力、一般常識、論作文である。

（1）適性検査

　能力面をみる適性検査には、①基礎的な適性能力をみるもの、②能力（基礎的適性と一定の知識）をみるもの、③能力と性格の両方を総合的にみるものなどがある（「第3章　適性とキャリア選択」参照）。

- ①　基礎的能力適性：GATB（事業所用）。GATB（進路指導用）と下位検査の数や問題内容が異なるが、9適性能は同じである。
- ②　基礎的適性と一定知識：IMAGES
- ③　総合検査：SPI 3（SPI＝Synthetic Personality Inventory）、CAB（キャブ）、CAB 2、GAB（ギャブ）、CETI、RAT-Ⅱなど

　作業検査では、「クレペリン検査」がよく使われる（「第3章第5節　KN式クレペリン作業性格検査の考え方と見方」参照）。

　性格検査は、「質問紙形式」の検査が多く使われる。たとえば「YG（矢田部ギルフォード）性格検査」では、120問の質問に答えて「抑うつ性、気分の変化、活動性、思考的内向・外向」などの12尺度について性格特徴を調べ、情緒の安定性や活動性などの性格傾向をみる。

　企業で独自の性格検査を使っている場合もある。

（2）一般常識

　一般常識試験は、中学・高校レベルの国語、歴史などの基礎問題から、時事問題まで多種多様である。社会人としての必要な常識や知識を判断するために行われる。業界によって、必要とされる知識・内容が違うので、業界・会社研究をして対策を考える必要がある。

　時事問題では、文化、スポーツ、芸能関係も含めて新聞からの出題が多く、

日頃から新聞を読む習慣を持つことが大切である。知らない言葉や漢字が出たら辞書で調べておく。

（3）論作文

論作文では、テーマに沿って自分の考えを明確に文章に表す。論理思考力・構成力はどうか、個性が出ているかなどが評価される。テーマについて考えを集約して、起承転結のルールを守り、字数と制限時間の範囲で記述する。

テーマとして、仕事に対する考え方や人生観を問われることが多いので、自分自身の考えが整理されていることが必要である。自己分析やエントリーシートで書いた内容を思い出して、アレンジする。

〈論作文の基本〉

・60分の時間配分例：10分で、テーマから題材を決めて、具体的な事柄、キーワードを選ぶ。10分で項目の取捨選択をし、起承転結に沿って項目を並べる。25分で文章化して書き終わる。残り15分で読み返して不備を直す。

・起承転結のルールを守る。起結で2割、承転で8割が目安。

・一文は短く、長くても50文字ほど。

・文字は丁寧に、誤字脱字は厳禁。

・字数オーバーはいけないが、制限字数をフル活用し、およそ8割以上は書くこと。

2. 面　接

面接は採用の要である。主に、対話や行動観察によって、企業があなたの人物像、仕事への意欲・能力・適性、将来性、志望動機などを見極める場である。同時にあなたが企業を見極める場でもある。その企業で働きたい、その仕事をしたいという思い、意欲、能力、準備してきたすべてを伝えよう。面接者と対話しながら、「相手の信頼を得る」双方向の場といえる。自分の考えの核心（自分軸）をはずさず、集中して取り組もう。

面接では、自分を語ること、嘘をつかないこと、具体的な体験、何をしたか行動につなげる能力を伝えなければならない。よくある質問は次のとおりである。

① **自己ＰＲ**：長所・短所を聞かれる場合もある。簡潔に強みとその具体例を伝える。

② **志望動機**：当社を選んだ理由（なぜ他社ではないのか）、やってみたい仕事等。自分の体験に根ざした、自分らしい明確な動機、企業研究が必要。

③ **学生時代に力を入れたこと**：どんな題材でも、体験と、何を得たのか成果を話すこと（勉学、ゼミ、資格、部活、ボランティア、アルバイト等）。

　面接に先立って、自己分析、仕事分析、企業分析、会社訪問、職業体験などを通じて準備してきた内容、エントリーシートを再度確認する。模範回答やマニュアルに頼ってはいけない。

（1）面接のポイント

① 　面接は、合格し採用されることが目的である（その先には当然そこで働くことを含む）。そこでは、「対話力」すなわち、コミュニケーションスキルが大切である。これには「話すこと」と「聴くこと」の双方向の能力が含まれる（「読む、書く」コミュニケーションスキルはほかの場面で問われる）。

② 「聞く・聴く」は、相手がいっていることを理解するのは当然だが、口に出してない感情や思考をうまく推測することが求められる。「状況を読む、空気を読む」力が大切だ。

③ 「話す」は、一方的に自分の話したいことだけを話すのではない。相手が求めるものが何かを的確に分析して「聞き」（聴く力）、応えなければならない。言語化されないことを含め、相手の求める人物像を知った上で、自分がその能力や適性、意欲、魅力等を持った人物であることを、効果的に自己アピールする力（話す力・表現する力）が必要だ。

④ 　アピールでは、抽象的な内容だけではなく、実証する体験談、具体的な事例が必要である。相手に有利でも、自分に不利な材料もある。すべてを正直に応えることはマイナスになる場合がある。

⑤ 「圧迫面接」といわれるような、応募者のマイナス点をついたり、不快感やストレスを与えるような質問をされる場合がある。柔軟な対処能力やストレス対応力が試されているととらえてみよう。ただし、人権侵害や差別と思われる場合の相談先の一例をあげておく。

　　　「みんなの人権110番」（http://www.moj.go.jp/JINKEN/jinken20.html）
　　　全国共通人権相談ダイヤル：電話0570-003-110 。

インターネットでも相談を受け付けている。パソコン、携帯電話から利用できる。

⑥ 「肯定的な自己評価」はどのような面接でも必要である。プラス思考を日頃から心がけておこう。

（2）面接評価の項目

面接では外的な印象、能力、意欲、人間性などをいろいろな項目で評価する。

表6－6　面接評価表の項目例

項目	評価要素	評価
外的印象	表情、身だしなみ、マナー、挨拶、機敏な態度、目の輝き、目線、活力	
表現力論理性	具体的な説明、明瞭な表現、自己分析、アピールポイント、思考力、適切な受け答え	
積極性	明確な志望動機、企業研究、新しいことへ取り組む姿勢、学生生活の充実・活発さ	
協調性	会話の柔軟性、明朗さ、コミュニケーション能力、集団、同僚間の位置づけ	
個性	創造力、ユーモア、感性、機転、特技、資格	

総合評価	面接者所感
A B C	

（3）面接の形式

面接の回数や形式はそれぞれ違うが、3回程度行われることが多い。

① 個人面接：学生1人に面接者が対応する。構造化されている場合と、雑談風に構造化されていない場合がある。

② 集団面接：数名の学生に面接者が対応する。面接者が役割分担している場合が多い。一般に同じ質問を投げかけ回答を比較しながら評価する。

③ グループディスカッション：決められたテーマを基に数名の学生が討論

する。発言内容の適確さ、話の流れをまとめられるかなどが評価される。

④　ディベート：賛成派、反対派に分かれて議論する。話の論理性や持論の組み立て、展開が建設的であるかどうかが評価される。

⑤　ケーススタディ：ある設定の下に学生数名でストーリーを展開させる。

⑥　プレゼンテーション：企画書を持参させたり、面接者に新製品の売り込みをさせる。自分で考えながら筋道を立てて表現する。専門職や技術職では専門知識に基づいた見解を述べさせる場合もある。

〈ワーク〉自分情報シート～セルフイメージコーディネート～

　　面接に先立つ準備として、希望する企業に合わせたシートを作成する。できるだけ多くの情報を入手して、企業や職業の持つイメージを具体的に想像する。必要とされる能力や行動特性を明確にする。自己分析を見直し、そこで働く職業イメージを作り上げる。長く定年まで働きたいのか、転職をイメージしているのか、何年くらい働くのかまで意識すること。弱みと思うことを、どうプラスとみるか、どうリカバリーするか考えておく（表6－7）。

表6－7　セルフイメージコーディネート

セルフイメージコーディネート		
1　現在の自己イメージ 強み・長所 弱み・短所のリカバリー	3　希望の会社のイメージ どんな会社か、業界・商品・社風	5　就職活動に望まれるイメージ
		能力特性
2　理想の自己イメージ 　働いている自分 仕事以外の自分 家庭と自分	4　希望職業のイメージ 何をしている どのように働いている 誰と働いている どんな環境で働いている	行動特性
		服装
		態度・表情

（4）面接の基本

　　面接担当者は限られた時間であなたの人物像を判断する。入口から出口まで評価の対象になる。面接で話す内容、話し方、表情に気を配り、最低限のマナー

を押さえること。自信のない人は、面接対策セミナーを受けてしっかり準備をしておこう。動画やビデオに撮って、友人と互いにチェックして、アドバイスし合うのもよい。自分の気づかない癖に気づくことができる。話す内容は自己分析などを見直して、企業にふさわしくシミュレーションしておくこと。

① **面接まで**：前もって道順や持ち物をチェックしておく。ニュースもチェック。余裕を持って出かけ、遅くとも開始10分前には到着する。万一遅刻しそうなときは、電話連絡を入れる。受付では元気よく挨拶しよう。

② **控え室**：静かに待ち、エントリーシートを読み直す。目を閉じてゆっくりと深呼吸をして気持ちを落ち着けるのもよい。大声で話したり、喫煙、他社の書類記入などをしてはいけない。

③ **入室**：名前を呼ばれたら、返事をして、ドアをノックする。応答があってから、「失礼します」と断ってゆっくりとドアを開けて入室。まっすぐ前をみて席に進む。姿勢や視線に注意。

④ **着席**：椅子の横に立ち、はっきりと学校名、名前を名乗り、「よろしくお願いします」と挨拶する。勧められたら、着席。あまり深くかけず、背筋を伸ばして座り、手は膝の上に。脚をそろえる。かばんは足元、椅子の横に置く。

⑤ **面接中**：面接担当者の目と口元をみながら、簡潔にはっきりと話す。少し緊張していても差し支えない。マニュアル通りでなく、自分の言葉で、自分の体験に基づいて具体的に話す。抽象的な言葉を並べたり、誇大な話はしないこと。敬語、丁寧語を使う。大声を出すより、自然に話すことが大切。

⑥ **退室**：面接が終わったら、椅子の横に立って、「ありがとうございました」と挨拶する。ドアの前に来たら、向き直り、再度軽く会釈する。静かにドアを開けて退室する。

⑦ **面接後**：気を緩めないようにする。学生同士で面接の感想を話し合うことはしないように。会社を出たからといって安心してはいけない。事務所の外でも、その会社の社員がいつどこでみているかわからない。

⑧ **面接後**は、お礼のメールや電話を入れて、熱意を伝えることで、面接の少々の失敗をリカバリーできる場合もある。

メンタルヘルスとストレスマネジメント

1. ストレスと上手に付き合おう

　学業と並行して行う長期間の就職活動においては、自分の思うように進まないことが起こり、さまざまな困難に出会う。特に、面接がうまくいかない、内定がとれない場合など複数の要因が重なって、気持ちが落ち込んだり、意欲がなくなったりする「就活うつ」になってしまうこともある。これは、就職活動の失敗や行き詰まりによって、強度のストレスでメンタルヘルス（心の健康）に不調をきたし、抑うつ状態に陥ったり、うつ病を発症したりすることである。強すぎるストレスは心身を疲れさせる。長引くと心身にストレス関連疾患を引き起こしかねない。予防のためには、ストレスマネジメントが重要となる。できるだけ早く気づいて、気持ちを切りかえ、相談をしたり、治療を受けることが大切だ。

　就職して職業生活に入った後も、人間関係の悩みや仕事への不適応、過重労働などのストレスが問題になる。

　「平成30年労働安全衛生調査（実態調査）」（厚生労働省）によると、仕事や職業生活に関することで強いストレスとなっていると感じる事柄がある労働者の割合は58.0％となっている。また、強いストレスの内容をみると、「仕事の質・量」が59.4％と最も多く、次いで「仕事の失敗、責任の発生等」が34.0％、「対人関係（セクハラ・パワハラを含む。）」が31.3％。

　心の不健康状態で治療が必要になった60名の労働者についてその原因について分析すると、年代ごとにいくつかの特徴がみられる（参考：永田頌史他：「メンタルヘルスとストレス」日本医師会雑誌、2001；126：359-363）。20歳代の入社初期の労働者では、自分が持っていた仕事のイメージと現実の仕事とのギャップ、共同作業への不慣れなど、新しい仕事や職場環境への不適合。過重労働による疲労、燃えつき状態は20、30歳代に多くみられる。40、50歳代では昇進に伴う中間管理職としての責任の増加、新しい人事評価制の導入、出向や転籍などによる仕事内容や職場環境の変化などによるものが多い。

　過度のストレスによってメンタルヘルスを損ない、心身の病気を引き起こし、最悪の場合自殺に至ることもある。

　警察庁統計によると、平成30年の全国の自殺者は20,840人、前年比−481人であった（男女比は約7：3）。平成10年以降、自殺者3万人以上が続いていたが、平成18年に「自殺対策基本法」ができて、さまざまな対策が行われている。平成22年から連続して減少しているが、平成30年には2万1,000人を下回った。それでも日本は先進国では韓国に続き2位と自殺率が高く、15〜39歳の死因の1位は自殺である。

　そこで、自殺防止対策として、広く若者一般を主な対象としたSNS相談事業（チャット・スマホアプリ等を活用した文字による相談事業。厚生労働省）が平成30年3月から開始された。10代、20代の若者（女性が9割以上）中心に1年間で22,000件以上の利用があった。

　メンタルヘルス対策は、国にとっても企業にとっても重要な課題となっている。

　生きている限り避けられないストレスであるが、生き生きと健康に働き、暮らしていくために、ストレスについて知り、ストレスをコントロールして、上手に付き合うことを学ぶ必要がある。

■うつ病

　近年、うつ病が増えている。ストレスの蓄積、喪失体験等さまざまな要因が結びつき、引き金となって、脳内の神経伝達物質の働きが低下して発症する。抑うつ気分、興味や喜びの喪失、無気力といった心の症状や、不眠、睡眠リズムの乱れ、だるさ、食欲低下、頭痛などの身体症状があらわれ、生きるエネルギーが欠乏した状態となる。2週間以上回復せず、日常生活に支障を来たすようなら、うつ病の疑いがあるので、早く受診し治療を受けることが大切である（抗うつ薬などの投薬、休養、栄養、生活リズムの回復、カウンセリングなど）。

　"死にたい"といった自殺念慮も出やすいので、放置は危険である。一生のうち10〜15人に一人の割合でうつ病になるといわれ、誰でもかかりうる病気である。また再発しやすいので、継続治療や再発予防が重要である。

　なお、従来、うつ病になる人は、まじめ、几帳面、責任感が強い人に多いといわれていたが、最近、若年（20〜30歳代）中心に、パーソナリティの未熟、社会不適応をベースとする、自己愛が強い「新型（現代型）うつ病」も増えている。

2. ストレスとは

　ストレスとは、外からの刺激による生体側の歪みと、その刺激に対抗して歪

みを元に戻そうとする生体側の反応をいう。

　"ストレスは人生のスパイス"といわれる（カナダの生理学者ハンス・セリエ）。「適度にあると人生を味のあるものにしてくれる（良いストレス）が、多すぎると対応できず、心身を苦しめる（悪いストレス）」。

　ストレスを引き起こす原因を「ストレッサー」（ストレス刺激）、それによっておきてくる反応を「ストレス反応」という。

①　ストレッサーの種類
　・物理的要因：猛暑、寒冷、騒音、部屋の狭さなど
　・生理的要因：空腹、妊娠、虫歯など
　・心理的要因：怒り、不安、不満、悲しみなど
　・社会的要因：人間関係、過重労働、転勤、失業、借金、身近な人の死など

　　このように外部からの刺激すべてがストレッサーであり、日常生活での悩みやストレスを感じている人は12歳以上の男性で42.8％、女性で52.2％にも上る。若年層では「12〜19歳」男31.1％、女39.9％、「20〜29歳」男43.6％、女53.1％であり、どの年代も女性のほうが高い（厚生労働省「平成28年国民生活基礎調査」）。

　　しかし、ストレス刺激が何もない部屋で過ごす実験をしたところ、心身に変調を来たしてしまったという結果もある。適度なストレス、たとえば、目標や課題を持つことは、適度な緊張感を与え、集中力を高め、生産性をアップさせる。問題になるのは、ストレスが長期にわたって続く場合や、ストレッサーの量が多すぎて対処できない場合である。ストレスの知識を持ち、気づきや対処法を知って、上手にストレスマネジメントをしていく必要がある。

②　ストレス反応には次のようなものがある
　・身体的反応：発汗、頭痛、下痢、肩こり、動悸、慢性疲労、心身症など
　・心理的反応：一次反応として、不安感、怒り、イライラ、悲しみ、落ち込みなど、二次的反応として無気力やうつ気分
　・行動的反応：集中力低下、引きこもり、不眠、不登校、欠勤、過食、買い物依存、飲酒・喫煙量の増加など

　ストレス反応のあらわれ方は、個人の考え方や受け止め方（認知・信念）、対処の仕方（コーピング）、周囲の助言やサポート（ソーシャル・サポート）

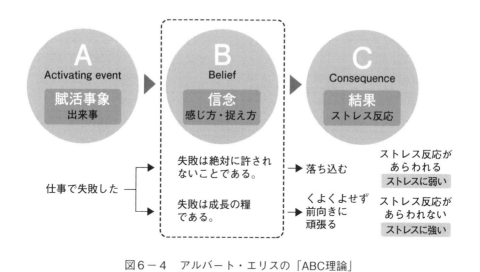

図6-4　アルバート・エリスの「ABC理論」

の有無など、個人によって差がある（図6-4）。

3. ストレスに気づく：ストレスチェックとメンタルヘルスケア

ストレスに関するホームページが数多く作られている。

○「こころもメンテしよう　～若者を支えるメンタルヘルスサイト～」（厚生労働省）

https://www.mhlw.go.jp/kokoro/youth/

　　こころの病気の予防やこころの不調が続くときのセルフケアの方法、相談先についてなどの情報がある。

○「こころもメンテしよう　～ご家族教職員の皆さん～」（厚生労働省）

https://www.mhlw.go.jp/kokoro/parent/index.html

　　子どもの様子が気になったり、こころの病気が心配になったとき、どうずればいいのか、何が必要なのかを紹介している。

○「こころの耳」http://kokoro.mhlw.go.jp/　（厚生労働省）

　　厚生労働省のサイトで、働く人のメンタルヘルスポータルサイト。知る・調べる・学ぶ・相談する・ストレスチェック、セルフケア等、幅広くメンタルヘルス関連の情報があり、学生にも役立つ情報が多い。

○「ＯＳＩ職業ストレス検査（第2版）」（雇用問題研究会）

＜セルフチェック＞

表6−8　セルフチェック表

	ストレスシーソー　あなたはどちら？	
	A	B
	ストレス　スッと取れる	ストレス　ずっとストレス
1	自分が好き（肯定的自己評価）	自分がきらい（自罰・否定的自己評価）
2	よく笑う	よく怒る
3	楽観的	悲観的
4	感謝する	不平・不満
5	事実のみを考察する	悪い想像の循環
6	他人を思いやる	他人を責める（他罰）
7	他人を許す（寛大）	べき思考（狭量）
8	協調する	一人で抱え込む
9	妥協する	白か黒かの決めつけ
10	自己実現	自己否定

1から10までAとBを比べて、あてはまるほうに○をつける。
AのほうがBより多い人は、ストレスに対する耐性が強い。

（芦原睦「実践！ここから始めるメンタルヘルス−予防から復職まで」一部改変）

http://www.koyoerc.or.jp/company/assessment_tool/236.html

　職業ストレス原因（源）の評価→ストレス原因への対処→ストレス反応という、一連のストレス連鎖を包括的に測定する総合的なストレス検査である。

○「労働者の疲労蓄積度チェックリスト」（厚生労働省）

https://www.mhlw.go.jp/topics/2004/06/tp0630-1.html

　疲労の蓄積度をチェックする。労働者用と家族用の2種類がある。

○「こころの健康気づきのヒント集」（厚生労働省、独立行政法人労働者健康安全機構）

https://www.johas.go.jp/Portals/0/pdf/johoteikyo/kokoronokennko2.pdf

4. ストレスへの対処

　ストレスへの対処は、原因となるストレッサーを取り除いたり、軽減する一方で、ストレスへの対応力を高めることである。

　ストレスは3つの要素から生まれる。

① 要求が強い——対応：現実離れした高望みをしない。

② 支援がない——対応：ソーシャルサポートを増やす（相談、支援）。

③ 見通しが立たない——対応：問題解決へのアプローチを活用する。

対処法には次のものがある。

① 情動焦点型（不適切な対処）

・問題について考えることを避けたり逃避したりする。

・問題や課題をみることがつらいとき、それを避ける。

・酒やタバコ、ギャンブルなどで気を紛らわす。

・誰にも相談せずに一人で悩む。

・他人のせいにする。

② 問題焦点型（適切な対処）

・ストレッサーを解決するために前向きに努力する。

・問題解決に取り組む。例えば、一つひとつできることから行っていく。

・優先順位をつけながらする。いろいろな人と相談しながらよい方法を考える。

■ **ストレス対処法（ストレスコーピング）**

① 自分のものの見方（認知）を修正する。たとえば、面接がうまくできず失敗をしたとする。ある学生は「完璧でなければならないのに、取り返しのつかない失敗をした」と、ひどく落ち込む。しかし「完璧ではないし、失敗することもある。これをばねにして次は頑張ろう」など、プラスに考え、あまりストレスに感じない学生もいる。ものの見方を変えることを「リフレーミング」という。建設的で、合理的なプラス思考の習慣で、気持ちが楽になり道が開けやすくなる。

② 強すぎる信念や完全主義を緩めて、ほどほどにする。几帳面すぎる、気にしすぎる、完璧にしすぎるなど"ゆきすぎる"とストレスに弱くなる。いろいろな価値観を受け入れ、興味を広く持ち、いろいろな能力を身につけるなど、心の多様性を持つことでストレスをうまくやり過ごせる。

③ 上手に「ノー」をいう。自分の気持ちを抑えて、まわりの期待に応えようとする人（いい子、優等生）はストレスを溜め込みやすい。感情をうまく表現することが大事。

④ 自分なりのストレス解消法を持つ。

・人と交わる方法（お喋り、食事、カラオケ、スポーツなど）

・人から離れる方法（読書、音楽、山歩きなど）
・リラクゼーション、ストレッチ、深呼吸、自律訓練法

働くときに知っておきたい法律・制度

　就職活動中やアルバイト等で働く際には、さまざまなトラブルに直面することがある。企業との関係で自分自身が不利益を受けないよう、働くことに関連する法律関係について、一定の基礎知識を持っておこう。

○「知って役立つ労働法～働くときに必要な基礎知識～」（厚生労働省）
https://www.mhlw.go.jp/stf/seisaku_bunya/koyou_roudou/roudouzenpan/
roudouhou/index.html

1．知っておきたい労働法

　労働条件が不利に定められたり実際に働き始めたら労働条件が違っていたり、差別を受けたりしないように、働く人を保護し、権利を守る法律がある。労働基準法、男女雇用機会均等法、雇用保険法、労災保険法などの労働法である。

（1）労働契約

　労働契約は、民法上の雇用契約（民法第623条）の考えが基礎になり、労働者が使用者に対して労務を提供する（働く）ことを約束し、使用者がそれに対して対価（賃金）を支払うことを約束するもので、双方が合意すれば、口頭だけでも有効に成立する。「正社員」「パートタイム労働者」「アルバイト」「派遣労働者」「契約社員」など、どのような雇用形態であっても「労働契約を結ぶ」ことに変わりはない。使用者は労働者に労働条件を明示することを義務付けられており、特に①労働契約の期間、②就業場所・従事すべき業務、③始業・就業時間・所定労働時間・休日、④賃金、⑤退職に関することについては、書面で交付することとされている（職業安定法第５条の３、労働基準法第13～18条）。就職を決める際は、これらの条件を書面でよく確認しよう。

（2）賃　金

　都道府県別または産業別に、原則これを下回る賃金で労働者を働かせることができない最低賃金（最低賃金法）、賃金支払いの５原則、①通貨払いの原則、②直接払いの原則、③全額払いの原則、④毎月払いの原則、⑤一定期日払いの

原則（労働基準法第24条）、男女の差別的取扱いの禁止（男女雇用機会均等法）が定められている。

（3）労働時間・休憩時間・休日

　使用者は、休憩を除き週40時間、1日8時間を超えて労働者を働かせてはならない（法定労働時間）と定められている。ただし、一定の範囲の変形労働時間制、業種による特例もあり、個別確認が必要。法定労働時間を超える時間外労働については、使用者は割増賃金を支払わなければならない。また、使用者は、一日の労働時間が6時間を超える場合45分、8時間を超える場合60分の休憩時間、1週間に1回または4週間に4回以上の休日を労働者に与えなければならないとされている（労働基準法）。

（4）退職・解雇など

　使用者は、労働者を解雇する場合、原則として解雇日の30日以上前に予告するか、30日以上の平均賃金を解雇予告手当として支払うことが定められている（労働基準法）。

　〈禁止されている解雇〉

①　業務上の負傷・疾病での休業期間とその後30日間の解雇（労働基準法）

②　産前産後休業期間とその後30日間の解雇（労働基準法）

③　国籍、信条、社会的身分を理由とする解雇（労働基準法）

④　法違反を労働基準監督署等に申告したことを理由とする解雇（労働基準法）

⑤　女性であることを理由とする解雇（男女雇用機会均等法）

⑥　結婚、妊娠、出産したこと、産前産後の休業を理由とする解雇（男女雇用機会均等法）

⑦　育児休業、介護休業の申し出や取得を理由とする解雇（育児・介護休業法）

⑧　労働組合を結成したり組合活動を行ったことを理由とする解雇（労働組合法）

（5）就業規則

　従業員10人以上の事業所には「就業規則」（従業員を対象とする社内規則）

を作成し、掲示することが定められている。個々の労働契約に書かれていないことも就業規則に従うことになるため、入社後早いうちに確認しておこう。

2. 社会保険制度と年金

① 公的年金（国民年金、厚生年金保険など）

② 健康保険：健康保険法、国民健康保険法

③ 年金保険：厚生年金保険法、国民年金法

④ 介護保険：介護保険法

⑤ 雇用保険：雇用保険法

雇用保険は、失業した場合に失業等の給付が受けられる。事業主が加入していても、雇用期間などにより適用対象とならない場合があるため、雇用契約の際には確認が必要である。

⑥ 労災保険：労働者災害補償保険法

労災保険は、労働者を使用する事業主のすべてが加入しなければならず、保険料は会社が全額を負担する。労働者が業務災害・通勤災害を被った場合に必要な保険給付が行われる。

3. 働く女性をめぐる労働法（健康・雇用機会均等・育児・介護）

① 妊娠中、出産後の就業、産前産後休業について、母性健康管理に関する措置が事業主に義務付けられている（労働基準法、男女雇用機会均等法）。

② 事業主は、労働者（男性労働者も含む）からの育児休業・介護休業の申し出があった時は原則としてその申し出を拒むことはできない（育児・介護休業法）。

③ 事業主は、配置・昇進・教育訓練・一定の福利厚生・定年・退職および解雇について、女性に対する差別的取扱いをしてはならないと定められている（男女雇用機会均等法）。

④ 男女労働者間に事実上生じている格差を解消するための企業の積極的な取組（ポジティブアクション）を講じる事業主に対する国の援助（ポジティブアクションのための提言）。

⑤ 職場におけるセクシュアル・ハラスメントを防止するための雇用管理上必要な配慮を事業主に義務付け（男女雇用機会均等法）。

ポジティブ・アクションのための提言

　「ポジティブ・アクション」とは、固定的な性別による役割分担意識や過去の経験から、男女労働者の間に事実上生じている差があるとき、それらを解消しようと、企業が行う自主的かつ積極的な取り組みのこと。

4. 多様な働き方パート・派遣等

　雇用環境の変化により、働き方は多様化しており、従来の正社員にとらわれない働き方を選ぶ若者も増えている。

① 　パートタイマー：短時間労働者の雇用管理の改善に関する法律（パートタイム労働法）
② 　派遣労働：労働者派遣法
③ 　在宅ワーク：在宅ワークの適正な実施のためのガイドライン

5. 障害者の雇用促進・就職支援

(1) 障害者の雇用の促進等に関する法律の改正

　「改正障害者雇用促進法」が平成28年４月１日から施行。雇用の分野で障害者に対する差別が禁止され、合理的配慮の提供が義務となる。募集・採用、賃金、配置、昇進などの雇用に関するあらゆる局面で、障害者であることを理由とする差別を禁止。

＜募集・採用時＞単に「障害者だから」という理由で、求人への応募を認めないことなど。

＜採用後＞労働能力などを適正に評価することなく、単に「障害者だから」という理由で、異なる取扱いをすることなど。

・合理的配慮の提供例

＜募集・採用時＞視覚障害～点字や音声などで採用試験を行う、聴覚・言語障害～筆談などで面接を行う。

＜採用後＞肢体不自由～机の高さを調節することなど作業を可能にする工夫。精神障害～出退勤時刻・休暇・休憩に関し、通院・体調に配慮することなど。相談体制の整備、苦情処理、紛争解決の援助が努力義務。

（２）発達障害者^(注)の就労支援（厚生労働省）

ハローワークにおいては、個々の障害特性に応じたきめ細かな職業相談を実施するとともに、福祉・教育関係機関と連携した「チーム支援」により、就職の準備段階から職場定着までの一貫した支援を実施している。

キーワード～ハローワーク、障害者トライアル雇用事業、若年コミュニケーション能力要支援者就職プログラム、発達障害者雇用トータルサポーター、地域障害者職業センター（職業評価、職業準備支援、職場適応支援等）、一般または障害者職業能力開発校における訓練、ジョブコーチ支援、障害者就業・生活支援センター

https://www.mhlw.go.jp/stf/seisakunitsuite/bunya/koyou_roudou/koyou/shougaishakoyou/06d.html

（注）「発達障害者支援法」（平成28年６月改正）によると、「『発達障害』とは、自閉症、アスペルガー症候群その他の広汎性発達障害、学習障害、注意欠陥多動性障害その他これに類する脳機能の障害であってその症状が通常低年齢において発現するもの」と定義されている。ただし今後「自閉症」等の診断名が変更される可能性がある。

６．困ったときの相談窓口

①　労働条件、労災、解雇、賃金不払い、待遇、いじめ・嫌がらせ、パワハラなどさまざまな職場のトラブル（労働者、事業主どちらからの相談も受付）

・労働基準監督署、国の総合労働相談コーナー「労働なんでも相談室」
個別労働関係紛争解決援助制度もある。

・各都道府県の総合労働相談コーナー
例：東京都労働相談情報センター「TOKYOはたらくネット」（https://www.hataraku.metro.tokyo.jp/）、「労働相談」（https://www.hataraku.metro.tokyo.jp/soudan-c/center/consult/index.html/）

②　労働相談・生活相談

・「NPO法人POSSE」（http://www.npoposse.jp/）
年間およそ3,000件の労働相談・生活相談に対応している若者主体のNPO法人。ホームページに「"辞めろ"と言われたときの対応マニュアル」等掲載。

③　求職相談、失業給付金の支給、公共職業訓練の受講あっ旋など

・ハローワーク、新卒応援ハローワーク（わかものハローワークもハロー

ワークの一組織）

　　相談のほか、就活セミナー、自己学習パソコンや参考書籍、インターネット利用など、就職活動サポートがいろいろ受けられる。

④　就職活動で女性差別等の差別にあったときや、セクシュアル・ハラスメント、パワー・ハラスメントの相談

・国の総合労働相談コーナー、各都道府県の労働局雇用環境・均等室、都道府県によって労政事務所で受け付けている。

・法務省人権擁護局：「みんなの人権110番」（全国共通人権相談ダイヤル）法務局・地方法務局及びその支局で面接による相談も受け付けている。

　http://www.moj.go.jp/JINKEN/jinken20.html

⑤　改正パートタイム労働法等に関する相談
　　都道府県労働局雇用環境・均等室

⑥　労働安全衛生——働く人の健康と安全な職場
　　中央労働災害防止協会（https://www.jisha.or.jp/）、独立行政法人労働者健康安全機構（https://www.johas.go.jp/）、産業保健総合支援センター、地域窓口（地域産業保健センター）

⑦　こころの健康相談

・「こころの健康相談統一ダイヤル」全国共通　電話0570-064-556

・「全国のいのちの電話」（24時間対応　https://www.inochinodenwa.org/lifeline.php）

・女性では、各地の女性相談センター等にあるカウンセリングルームが利用可能。

・法務省「女性の人権ホットライン」電話0570-070-810
　配偶者やパートナーからの暴力、セクシュアル・ハラスメント、ストーカー行為といった女性をめぐるさまざまな人権問題についての専用相談電話。

〈資料〉

■厚生労働省　https://www.mhlw.go.jp/index.html
○新卒者・既卒者支援（新卒応援ハローワーク）
　https://www.mhlw.go.jp/stf/seisakunitsuite/bunya/0000132220.html

○正規雇用を目指す若者の支援（わかものハローワーク、若者支援コーナー）

https://www.mhlw.go.jp/stf/seisakunitsuite/bunya/0000181329.html

○ジョブカフェにおける支援（ジョブカフェ）

都道府県が主体的に設置する、若者の就職支援をワンストップで行う施設

https://www.mhlw.go.jp/stf/seisakunitsuite/bunya/koyou_roudou/koyou/jakunen/jobcafe.html

○大卒等就職情報ＷＥＢ提供サービス

学生・既卒者向けのサービス、イベント情報、企業情報・求人情報の提供等

http://job.gakusei.go.jp/

■女性の活躍

○なでしこ銘柄（経済産業省）

東京証券取引所の全上場企業の中から、業種ごとに、女性活躍推進に優れた企業を選定。準なでしこ、なでしこチャレンジ企業リストも発表されている。

https://www.meti.go.jp/policy/economy/jinzai/diversity/nadeshiko.html

○新・ダイバーシティ経営企業100選（経済産業省）

女性、外国人、高齢者、チャレンジド（障がい者）を含め、多様な人材の能力を活かし、価値創造につなげている企業を表彰。

https://www.meti.go.jp/policy/economy/jinzai/diversity/kigyo100sen/

■中央職業能力開発協会（JAVADA）https://www.javada.or.jp/

職業能力評価試験、ものづくり基盤、キャリア形成の基盤の強化、国際協力等

■地域若者サポートステーション

https://saposute-net.mhlw.go.jp/

キャリア支援情報は、たびたび変更があるので、ホームページ等で最新の情報を確認すること。

■参考文献

「大学１、２年生のときにやっておきたいこと　学就Book　改訂４版」日経HR編集部

「新時代のキャリア・コンサルティング　キャリア理論・カウンセリング理論の現在と未来」労働政策研究・研修機構、2016

「キャリア・コンサルティング　理論と実際　5訂版」木村周、雇用問題研究会、2018

「キャリア・コンサルタント　その理論と実務」日本産業カウンセラー協会、2012

「詳解大学生のキャリアガイダンス論」若松養亮・下村英雄編、金子書房、2012

「適職を探す自己分析ノート」佃　直毅、渡辺三枝子、実務教育出版、2007

「就職活動ナビゲーション　新版」日経HR編集部、日経HR、2014

「こう動く就職活動オールガイド」成美堂出版、2019

「マイナビオフィシャル就活BOOK 2021『就活ノートの作り方』」才木弓加、マイナビ出版、
　2019

「自分のキャリアを自分で考えるためのワークブック」小野田博之、
　日本能率協会マネジメントセンター、2005

「社会人基礎力が身につくキャリアデザインブック」寿山泰二、金子書房、2012

「絶対内定シリーズ、インターンシップ、エントリーシート、履歴書」ダイヤモンド社、2019

「就職四季報」（就職シリーズ）東洋経済新報社

「業界地図」東洋経済新報社、日本経済新聞社

「キャリアデザイン入門　Ⅰ、Ⅱ」日経文庫　大久保幸夫

「コミュニケーション力」渡邊忠・渡辺三枝子、雇用問題研究会、2011

「相手の気持ちをきちんと＜聞く＞技術」平木典子、PHP研究所、2013

「自分の気持ちをきちんと＜伝える＞技術」平木典子、PHP研究所、2007

「面接力」梅森浩一、文藝春秋、2004

「DVDで学ぶ　できる人のビジネスマナー」内藤京子監修、西東社、2007

「新入社員のための業務遂行能力の高め方　仕事の覚え方を中心として」雇用問題研究会、1999

「職場のメンタルヘルスケア　改訂2版」白倉克之他編、南山堂、2001

「ストレスに強い人と弱い人の違いは何か」日経Gooday、2017

「産業カウンセリング辞典」日本産業カウンセリング学会監修、山本公子分担執筆、金子書房、
　2008

「キャリア教育概説」日本キャリア教育学会編、山本公子分担執筆、東洋館出版社、2008

「就職白書2019」リクルートキャリア、2019

索　引

◆著者プロフィール

本間　啓二（ほんま・けいじ）第2章、第3章担当

1951年生まれ　東京都出身
日本体育大学卒
日本体育大学スポーツマネジメント学部 教授（教職教育研究室）

【著書】
　「教員採用試験面接ノート」一ツ橋書店、1999
　教職研修「特別活動の研究」アイオーエム、2009
　高校生の就職「面接試験合格ノート」一ツ橋書店、2014
　「これが聞かれる場面指導の100課題」一ツ橋書店、2016
　教員採用試験「応答書き込み式！場面指導のロープレ100課題」一ツ橋書店、2018
【編著書】
　「進路学習ベーシックマニュアル」全国高等学校進路指導協議会編・実務教育出版、1997
　「進路指導の計画と展開」実務教育出版
　「高校生の進路ノート」全国高等学校進路指導協議会編・実務教育出版、2000
　「高校生のキャリア・ノート」監修　全国高等学校進路指導協議会編・実務教育出版、2006
　「保健科教育の基礎」教育出版、2010
　「厚生労働省編一般職業適性検査［進路指導・職業指導用］Q&A集」一般社団法人雇用問題
　　研究会、2011
　「学校保健ハンドブック　第7次改訂　教員養成大学保健協議会編」ぎょうせい、2019
　「最新　生徒指導・進路指導論－ガイダンスとキャリア教育の理論と実践－」図書文化社、
　　2019
【論文】
　「中学・高校教員の満足感に関する因果モデル構成」『日本体育大学紀要』34巻2号、2005
　「教員の教職満足感に与える職場環境要因の影響」『キャリア教育研究』24巻1号、日本キャ
　　リア教育学会、2006

金屋　光彦（かなや・みつひこ）第1章、第5章担当

1955年生まれ　北海道旭川市出身
埼玉大学卒
臨床心理士／公認心理師
日本体育大学講師
東京都スクールカウンセラー
苫小牧駒澤大学講師

【主要著書・論文】
　「エンジョイワーカー」雇用問題研究会、2009
　「個人主導のキャリア形成（大学生編）－VPI検査の集団実施における大学生のキャリア開発
　　について」『しんりけんさ』2003

「適性検査を活用したキャリアカウンセリングの展開」『職業研究 1994』雇用問題研究会

「コンピュータによるキャリア・ガイダンス・システムの現状と展望」（第 11 章執筆）、労働政策研究・研修機構、1992

「職業適性と職業情報トピックス」『職業人事心理学』ナカニシヤ出版、1992

山本　公子（やまもと・きみこ）第 4 章、第 6 章担当

1947 年生まれ　岐阜県出身

京都府立大学卒

こころとキャリアのカウンセリングオフィス結(ゆう)　代表

一級キャリアコンサルティング技能士、心理相談員

こころとキャリアのサポート（カウンセリング、心理相談員、自立支援、キャリア教育、メンタルヘルス研修、専門家向け研修等）

大阪府八尾市生活福祉課自立支援カウンセラー

京都労働局・労災精神障害専門調査員

元関西大学講師・キャリアセンター　キャリアデザインアドバイザー

元大阪経済大学大学院講師

【主要著書・論文】

「産業カウンセリング辞典」（分担執筆）、日本産業カウンセリング学会監修、金子書房、2008

「キャリア教育概説」（分担執筆）、日本キャリア教育学会編、東洋館出版社、2008

「キャリアデザイン III テキスト－私の仕事」（分担執筆）、関西大学、2011

「キャリアカウンセリングの現場から　第 1 回～第 4 回」『職業安定広報』2008 年 4 月号～7 月号、雇用問題研究会

「ここにもあった労働問題・働く場で起きていること～キャリアカウンセリングが近年盛んになっていること」『日本労働研究雑誌』2007 年 4 月号、労働政策研究・研修機構

「自立をうながす青年期のキャリア・カウンセリング－状況依存から自主的なキャリア選択へ－」日本進路指導学会研究紀要『進路指導研究』、Vol.22、2003

「進路指導における適性検査の活用～ GATB、VPI、VRT」『職業研究 2004』雇用問題研究会

講演「Prep-Y」(職業興味検査)と「CaPT-Y」(性格検査)、大阪府高等学校通信制定時制教育研究会会誌第 51 号

「キャリア・インサイトの活用～大学等における実践」『職業研究 2014 夏季号』雇用問題研究会

「座談会・様々な場でのキャリア・コンサルティングのアプローチと実践家に求められるスキルについて」『日本労働研究雑誌』2013 年 10 月号、労働政策研究・研修機構

「キャリア・コンサルティングにアセスメント・ツールをどう生かすか」『職業研究 2015 秋季号』雇用問題研究会

「VRT の事例－商社の営業職志望から IT 業界 SE に方向転換」『職業研究 2016 No.1』雇用問題研究会

5訂版 キャリアデザイン概論　An Introduction to Career Design

2006 年 3 月　初版発行
2009 年 9 月　改訂初版 1 刷発行
2014 年10月　3 訂版 1 刷発行
2016 年 5 月　4 訂版 1 刷発行
2020 年 1 月　5 訂版 1 刷発行
2021 年11月　5 訂版 3 刷発行

著　者 ── 本間啓二／金屋光彦／山本公子
発　行 ── 一般社団法人 雇用問題研究会
　　　　　　〒103-0002　東京都中央区日本橋馬喰町 1-14-5　日本橋Ｋビル2階
　　　　　　TEL　03-5651-7071（代）　FAX　03-5651-7077
　　　　　　URL　http://www.koyoerc.or.jp
印　刷 ── 株式会社ワイズ

210161

ISBN978-4-87563-270-2 C2037

GATB 厚生労働省編一般職業適性検査

General Aptitude Test Battery

進路指導・職業指導用

対象●中学・高校・高専・専門学校・短大・大学・職業訓練校・職業相談機関等
実施所要時間●50分（紙筆検査のみの場合）

■学校の授業や学力試験では見えない7つ*の能力の特徴を測定
■自分の得意な能力を活かせる職業を探るために

*器具検査実施時は9種

検査でわかること

認知機能				知覚機能		運動機能		
G 知的能力	**V** 言語能力	**N** 数理能力	**Q** 書記的知覚	**S** 空間判断力	**P** 形態知覚	**K** 運動共応	**F** 指先の器用さ	**M** 手腕の器用さ

F、M：器具検査が必要

料金（税込）　ベーシックコース（大学生対象）

検査用紙＋コンピュータ判定　1名分■**680**円
┌●検査用紙……………………**300**円
└●コンピュータ判定料……**380**円

●手引……**1,210**円　　●Q&A集……**880**円

検査用紙・手引等

●検査用紙

●手引

●Q&A集

コンピュータ判定　結果資料　ベーシックコース（大学生対象）

学生用資料

●結果票　1/2　●結果票　2/2

指導者用資料

●クラス一覧表　●学年集計表

●個人でのご購入はできません。教育機関様等よりお申込みください。

職業レディネス・テスト

対象●中学・高校・高専・専門学校・短大・大学・職業訓練校・職業相談機関等
実施所要時間●40~45分

■編著 独立行政法人 労働政策研究・研修機構

■ 6つのタイプの職業分野への興味・関心、自信を測定
■ 「自分のやりたいこと」、職業の世界を考えるきっかけに

検査でわかること

A検査 職業興味

B検査 基礎的志向性

C検査 職務遂行の自信度

- 現実的職業領域 **R**ealistic
- 研究的職業領域 **I**nvestigative
- 芸術的職業領域 **A**rtistic
- 社会的職業領域 **S**ocial
- 企業的職業領域 **E**nterprising
- 慣習的職業領域 **C**onventional

D 対情報志向
- D1 情報を集める
- D2 好奇心を満たす
- D3 情報を活用する

P 対人志向
- P1 自分を表現する
- P2 みんなと行動する
- P3 人の役にたつ

T 対物志向
- T1 物をつくる
- T2 自然に親しむ

料金（税込） 大学生対象の場合

コンピュータ判定とも　1名分■**660**円

- ●問題用紙
- ●回答用紙（高校生以上用）
- ●結果の見方・生かし方
- ●大学生等のための職業リスト
…… **360**円

●手引……**1,430**円

- ●コンピュータ判定料…………………… **300**円

検査用紙・手引等

- ●問題用紙
- ●回答用紙
- ●結果の見方・生かし方
- ●大学生等のための職業リスト
- ●手引

コンピュータ判定 結果資料 　大学生対象の場合

学生用資料
- ●結果票
- ●アドバイスシート

指導者用資料
- ●集計結果票
- ●結果一覧表

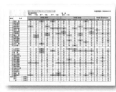

●個人でのご購入はできません。教育機関様等よりお申込みください。

式クレペリン作業性格検査 [進路指導用]

対象●中学・高校・高専・専門学校・短大・大学・職業訓練校・職業相談機関等
実施所要時間●40～45分

■作業性格や作業態度、行動特徴等、個人の性格面の特性、仕事ぶりを推測
■学校生活への適応や危険作業・運転などへの適性について把握するための参考資料に

検査でわかること

●プロフィール（作業曲線：作業量を棒グラフで表示）／平均作業量（前半／後半／全体）／作業の速さ（作業全体の平均作業量から作業処理速度を判断）

●評定（作業曲線の形状が標準曲線にフィットしているかどうか（安定―動揺）、作業量（極めてきびん・きびん・標準的・少し遅い・遅いの5段階）、誤答の出かたの組み合わせによって、評定コメントを表示）

●特記事項（作業量、作業曲線、作業の質等の面で、特別に目立った作業上の特長を捉え、それらについて、なぜそのような現象が起こったのかを推測し、コメント）

●留意事項（評定結果に基づき、被検者に対する注意点、あるいは仕事に対する取り組み方等についてコメント）

料金（税込）

検査用紙＋コンピュータ判定　1名分■**420**円 ┌ ●検査用紙………………**80**円
└ ●コンピュータ判定料……**340**円

●手引……**1,210**円

コンピュータ判定　結果資料、手引

学生用資料	指導者用資料	●手引
●個人結果票	●指導者用結果票　●結果一覧表	

●個人でのご購入はできません。教育機関様等よりお申込みください。

RCC 就職レディネス・チェック

■編著　就職レディネス・チェック開発委員会
■監修　渡辺三枝子／松本純平

対象●主に大学・短大・専門学校等
実施所要時間●回答時間は7分程度。自己採点後に解説、グループワーク等により多様なプログラムが可能。

■ 将来の自分のキャリアと就職の意味を考えることを促す就職活動サポートツール
■ 「就活」という課題に取り組む体験を、知恵を身につけ、成長するための学習の機会とするために

ツールでわかること

A	B	C	D	E
就職意欲度	キャリアプラン設計度	環境理解度	就職活動理解度	思い込みからの自由度

料金（税込）

●ペーパー版	4セットまで	1セット（20名分）	9,240円	@462円（1名分あたり）
（セットのみ）	5セット以上	1セット（20名分）	6,930円	@346円（1名分あたり）
●Web版	99名まで	1名分	462円	
（1名単位可）	100名以上	1名分	346円	

用紙・画面等

ペーパー版

●ワークブック　　　　●回答・採点用紙　　　　●実施ガイド

Web版

学生用画面

スマホ対応

管理者用画面

●個人でのご購入はできません。教育機関様等よりお申込みください。

木村 周 著

キャリアコンサルティング　理論と実際〔5訂版〕
カウンセリング、ガイダンス、コンサルティングの一体化を目指して

キャリアコンサルティング、キャリア・カウンセリングを学ぶ多くの人にロングセラーとして読まれてきた『キャリアコンサルティング　理論と実際』の5訂版。

A5判／384ページ●定価 3,300円（本体3,000円）　ISBN978-4-87563-269-6

渡邊 忠・渡辺三枝子 著

コミュニケーション力
―人間関係づくりに不可欠な能力―

心理学理論をベースに、「コミュニケーション」における対人関係と心のメカニズムを解き明かし、原理に基づく対応原則を提示する、理論と実践の書。

A5判／216ページ●定価 2,200円（本体2,000円）ISBN 978-4-87563-259-7

John L. Holland 著／渡辺三枝子・松本純平・道谷里英 共訳

ホランドの職業選択理論
―パーソナリティと働く環境―

ホランド本人が自らの理論を詳説した著作「Making Vocational Choices」第3版の邦訳。生涯にわたるキャリア発達への支援が求められる今、キャリア支援者、教育関係者必携の名著。

A5判／374ページ●定価 3,850円（本体3,500円）　　ISBN 978-4-87563-264-1

大西 守・黒木宣夫・五十嵐良雄 編著

人事・労務担当者のための
リワーク活用マニュアル
うつ病休職者の失敗しない職場復帰のために

職場が負うリスクの軽減、有効なリハビリテーションの実現のための事業場外での専門施設による復職支援の活用の仕方を詳解した、専門家によるリワーク活用マニュアルの決定版。

A4判／144ページ●定価 1,980円（本体1,800円）ISBN 978-4-87563-258-0

発行所　一般社団法人 雇用問題研究会　　詳しくはWebで
〒103-0002 東京都中央区日本橋馬喰町1-14-5 日本橋Kビル2F　http://www.koyoerc.or.jp